Berufseinstieg und Probezeit aktiv gestalten

Manfred Faber · Silke Siems
Hergen Riedel · Elke Pohl

Berufseinstieg und Probezeit aktiv gestalten

Wie Sie nach dem Studium
die Grundsteine für Ihre Karriere legen

 Springer Gabler

Manfred Faber
München, Deutschland

Hergen Riedel
Steinkirchen, Deutschland

Silke Siems
Königswinter, Deutschland

Elke Pohl
Berlin, Deutschland

ISBN 978-3-658-03741-3   ISBN 978-3-658-03742-0 (eBook)
DOI 10.1007/978-3-658-03742-0

Die Deutsche Nationalbibliothek verzeichnet diese Publikation in der Deutschen National-bibliografie; detaillierte bibliografische Daten sind im Internet über http://dnb.d-nb.de abrufbar.

Springer Gabler
© Springer Fachmedien Wiesbaden 2014

Lektorat: Irene Buttkus, Imke Sander

Gedruckt auf säurefreiem und chlorfrei gebleichtem Papier

Springer Gabler ist eine Marke von Springer DE. Springer DE ist Teil der Fachverlagsgruppe Springer Science+Business Media
www.springer-gabler.de

Liebe Leserinnen und Leser,

die Wahl des ersten Jobs fällt den meisten Berufseinsteigern so schwer wie keine andere Entscheidung in ihrer weiteren beruflichen Laufbahn. Häufig wird hier der Grundstein für eine erfolgreiche Karriere gelegt. Aus einer schier endlosen Zahl an Möglichkeiten muss die eine richtige gewählt werden. Eine Situation, die belastet. Deshalb gleich zu Beginn ein gut gemeinter Rat: Entspannen Sie sich! Denn auch wenn die Berufswahl eine Entscheidung ist, die Sie nicht leichtfertig treffen sollten, so ist es auch kein Weltuntergang, am Anfang nicht alles richtig zu machen.

Wir wollen Ihnen hier zeigen, wie Sie Fehler in der Anfangsphase des ersten Jobs vermeiden oder mindestens die Auswirkungen aus diesen Fehlern reduzieren. Unser erster Rat hierfür: Es ist wichtig von Anfang an authentisch zu sein und auch eine gute Vorbereitung kann nicht schaden. Sind Sie gut informiert über die neue Firma, die Branche und den Job, so können Sie ohne Angst an die neue Herausforderung herantreten und sind für vieles gewappnet.

Gerade zu Beginn ist deshalb auch das Networking nicht zu unterschätzen. Erfahrene Kollegen können Ihnen eine große Hilfe sein und unterstützend zur Seite stehen. Es ist eher positiv, sich mal einen Rat zu holen und von dem Wissen der anderen zu profitieren. Im Dialog mit den Kollegen erfahren Sie zudem viel über die „inoffizielle" Firmenkultur und finden sich schneller im Arbeitsalltag zurecht. Sich an Klatsch und Tratsch zu beteiligen sollten Sie jedoch dringend vermeiden. Denn das kann schnell zum Verhängnis werden.

Seien Sie also unbesorgt. Wenn Sie authentisch und offen sind, werden Sie sehr wahrscheinlich keine Probleme bei Ihrem Berufseinstieg haben. Außer, Sie passen nicht zu diesem Job oder in dieses Unternehmen. Aber dann ist es auch eine wertvolle Erfahrung, konsequent eine Entscheidung für einen andere Weg zu treffen.

Viel Erfolg für Ihre berufliche Laufbahn wünscht Ihnen

Manfred Faber

Inhalt

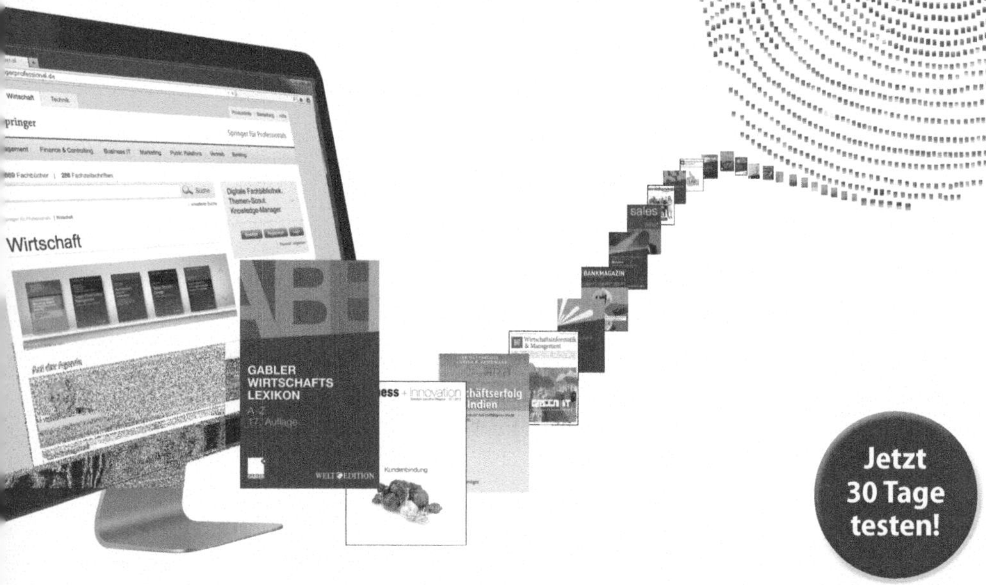

1

DIE EINSTIEGSPHASE

1.1 Die erfolgreiche Probezeit

Das lange Lernen hat sich gelohnt, der erste Job ist da. Die meisten Berufsanfänger sind aufs Höchste motiviert für die erste konkrete Aufgabe und ganz begierig darauf, das erlernte Wissen in der Praxis umzusetzen. Dabei lassen sie manchmal außer Acht, dass sich das Arbeiten im Unternehmen nicht nur auf die Bewältigung konkreter Aufgaben beschränkt. Ein Unternehmen ist ein komplexes soziales Gefüge mit individuellen Werten (Unternehmenskultur) und Besonderheiten, die zu verstehen und zu beachten sind, wenn man längerfristig erfolgreich sein will. Hier erfahren Sie, worauf Sie in der Probezeit unbedingt achten müssen, um aus Sicht des Unternehmens zu bestehen und andererseits auch zu entscheiden, ob die Aufgabe oder/und das Unternehmen zu Ihnen passen. Denn die Probezeit ist immer von beiden Seiten zu betrachten – als Entscheidungsphase nicht nur für das Unternehmen, sondern auch für den neuen Mitarbeiter. Wenn Ihnen bereits im Verlauf der Probezeit ernsthafte Bedenken erwachsen, werden Sie auf Dauer wahrscheinlich nicht erfolgreich in diesem Unternehmen arbeiten können.

1.1.1 Der erste Tag

> **!**
> ACHTUNG Es gibt keine zweite Chance für den ersten Eindruck!

Der erste Eindruck zählt – diese einfache Tatsache sollten Sie sich immer vor Augen halten. Sie werden gerade am ersten Arbeitstag sehr genau beobachtet. Die Kollegen sind neugierig auf den neuen Mitarbeiter und achten einfach auf alles. Das beginnt mit der Kleidung, der Begrüßung, den ersten Gesprächen etc. Wenn Sie die Weichen jetzt nicht richtig stellen, lässt sich das später zwar noch korrigieren, aber meist nur langsam und mit viel Kraft und Geduld.

Das richtige Outfit

„Was ziehe ich an?" – diese Frage ist gerade für den ersten Tag oft nur schwer zu beantworten, denn man kennt die Gepflogenheiten des Unternehmens und besonders der eigenen Abteilung noch nicht. Und natürlich ist die passende Kleidung auch abhängig von der Branche und Ihrer Position.

Wenn Sie bezüglich des angemessenen äußeren Erscheinungsbildes eher unsicher sind, stellen Sie wenn möglich die Frage nach den entsprechenden Gepflogenheiten am besten schon während des Vorstellungsprozesses. Aber bitte nicht gleich beim ersten Gespräch, sondern erst, wenn die Entscheidung für Sie bereits gefallen ist. Beobachten Sie, wie Ihre Gesprächspartner während des Vorstellungsgesprächs gekleidet waren.

Wenn Sie sehr unsicher sind, seien Sie lieber ein wenig overdressed.

Damit Sie am ersten Tag weder under- noch overdressed erscheinen, hier ein paar grundsätzliche Tipps:

- Verkleiden Sie sich nicht. Wählen Sie ein gut sitzendes Ensemble, in dem Sie sich auch angesichts offizieller, repräsentativer Situationen wohlfühlen.
- Achten Sie darauf, dass Kleidung und Schuhe sauber und gepflegt sind.
- Bitte nur dezentes, kein starkes, dominantes Parfum oder Rasierwasser verwenden.
- Für Männer: Im Zweifelsfall eine dunkle Kombination oder einen Anzug in gedeckten Farben wählen. Dazu ausschließlich dunkle Socken kombinieren, niemals weiße.
- Frauen sollten auf ein dezentes Make-up und unaufdringliche Accessoires achten. Auf keinen Fall mit dekorativer Kosmetik experimentieren, die Sie noch nie zuvor verwendet haben.
- Sie sollten zwar authentisch, aber auch seriös wirken. Ihre Kleidung soll Ihre Offenheit und Kompetenz unterstreichen, nicht davon ablenken (und schon gar nicht die Aufmerksamkeit auf anatomische Vorzüge ziehen). Allzu Modisches oder Verspieltes sowie provokative Extreme (beispielsweise reines Gothic-Schwarz) sind also fehl am Platz.

Wie viel Wert manche Unternehmen auf die Einhaltung ihrer Kleiderordnung legen, lässt sich folgendem tatsächlich passiertem Fallbeispiel entnehmen: Mehrere neue Mitarbeiter begannen am selben Tag mit einer Einführungsveranstaltung. Einige erschienen in einer Anzugkombination, da ihnen die strikte Kleiderordnung „einheitlicher Anzug" nicht bewusst war. Bei der Begrüßung wurden sie beiseite genommen und gebeten, nach Hause zu fahren und sich umzuziehen. Mit einer Klärung im Vorfeld wäre diese unangenehme Erfahrung vermeidbar gewesen.

Sympathisches Auftreten

> **TIPP** Kommen Sie unbedingt pünktlich!

Zuerst einmal ein unverzichtbarer Hinweis, auch wenn Sie ihn vielleicht für überflüssig halten: „Seien Sie pünktlich!" Denn es geschieht unerwartet häufig, dass neue Mitarbeiter am ersten Tag zu spät kommen – aus den verschiedensten Gründen: Die Anfahrtszeit wurde falsch kalkuliert, es traten unerwartet Hindernisse ein – Verspätungen/Ausfälle im öffentlichen Verkehr, Stau durch Unfall auf der Autobahn oder Bundesstraße oder sogar unterschiedliche Erinnerungen an die vereinbarte Anfangszeit usw. Damit tun Sie sich natürlich selbst keinen Gefallen und geben gleich zu Anfang ein eher zweifelhaftes Bild ab, das für eine etwas verhaltenere Stimmung Ihnen gegenüber sorgen kann. Kommen Sie lieber deutlich früher – Sie können im der Umgebung ja noch einen Spaziergang machen oder vielleicht einen Kaffee trinken. Wenn Sie Zweifel an der vereinbarten Uhrzeit haben, fragen Sie lieber noch einmal nach.

> **TIPP** Bleiben Sie gelassen.

Auch bei optimaler Kleidung und pünktlichem Eintreffen werden Sie mit einer gewissen Nervosität zu kämpfen haben. Rechnen Sie damit und stellen Sie sich darauf ein. Unsicherheit und Nervosität sind in so einer neuen Situation völlig normal. Wichtig ist, dass Sie gelassen auf die eigene Nervosität reagieren und möglichst souverän, freundlich und gefestigt auftreten. Stellen Sie sich vor, dass Sie eine Bühne betreten, auf der Sie Ihr Bestes geben. Treten Sie Ihren neuen Kollegen offen und freundlich gegenüber. Behalten Sie im Gespräch Augenkontakt und hören Sie aufmerksam zu. Machen Sie den Small Talk mit. Dadurch entspannt sich die Situation und Sie werden lockerer, außerdem lernen Sie die Menschen schneller kennen. Vielleicht entdecken Sie sogar Gemeinsamkeiten – etwa ein Studium an der gleichen Universität, gleiche Studienschwerpunkte oder Ähnliches – das schafft eine gute Ausgangsbasis für den kollegialen Kontakt.

> **TIPP** Begegnen Sie ALLEN ohne Ausnahme offen und freundlich.

Bitte übergehen Sie bei der Begrüßung weder die Empfangsdame noch die Sekretärin, auch wenn Sie sehr selbstbewusst in vermeintlich höherer Position einsteigen. Denn damit verscherzen Sie sich unnötig wichtige Sympathien. Seien Sie sich ganz klar bewusst, dass jeder Mensch eine wichtige Funktion im Unternehmen hat und Achtung, Wertschätzung und Respekt verdient. Unterschätzen Sie außerdem nicht die inoffiziellen Kommunikationskanäle, die sich unabhängig von den offiziellen Funktionen und Hierarchieebenen in jedem Unternehmen etablieren und die das unternehmensinterne soziale Gefüge enorm prägen. Bedenken Sie auch, dass hierarchisch untergeordnete Mitarbeiter oft Schlüsselfunktionen innehaben, die für Ihre Tätigkeit sehr wichtig sein können – angefangen von Gefälligkeiten bei der Büroausstattung über die Terminvergabe auf Entscheider-Ebene bis hin zum Postversand eines dringenden Schreibens noch nach dem letzten Postausgang.

Die Einführungsveranstaltung

In größeren Unternehmen wird oft eine spezielle Einführungsveranstaltung für die neuen Mitarbeiter organisiert, meist durch die Personalabteilung. Oft finden diese Veranstaltungen gleich am ersten Tag statt. Sie bieten in zusammengefasster Form viele Informationen, die Sie für Ihren Arbeitsalltag im Unternehmen brauchen und die Ihnen den Einstieg und die tägliche Arbeit erleichtern sollen.

Sollte Ihr Unternehmen keine Einführungsveranstaltung anbieten, nutzen Sie die folgende Checkliste, um sich die wichtigsten Informationen rund um Ihren Arbeitsplatz selbst zu beschaffen. Fragen Sie die neuen Kollegen, lesen Sie firmeninterne Publikationen, informieren Sie sich am Schwarzen Brett oder im firmeneigenen Intranet.

CHECKLISTE

Diese Informationen benötigen Sie für Ihren Arbeitsalltag:

- Interne Organisation des Unternehmens
- Strategische Ausrichtung
- Unternehmens- und Führungsgrundsätze
- Bilanz und Geschäftsbericht
- Arbeit und Aufgaben der einzelnen Bereiche
- Struktur betrieblicher Netzwerke (formelle und informelle)
- EDV-Infrastruktur
- Arbeitszeitmodell und Urlaubsregelung
- Betriebliche Arbeitsordnung
- Betriebliche Sozialleistungen und Altersversorgung
- Betriebliches Vorschlagswesen
- Betriebsärztlicher Dienst
- Arbeitssicherheit
- Datenschutz
- Verhalten bei Unfall und Krankheit
- Betriebliche Fortbildungsmöglichkeiten
- Betriebsrat, Betriebsarzt, Sicherheits- und Datenschutzbeauftragte
- Sonstige betriebliche Einrichtungen (Kantine, Sportmöglichkeiten etc.)

Viele Unternehmen haben sogenannte Mitarbeiterhandbücher, in denen diese Informationen zusammengestellt sind. Sie erhalten diese meist bei Arbeitsbeginn. Allerdings sind diese Unterlagen oft nicht wirklich aktuell. Deshalb nutzen die Unternehmen Medien wie CD-ROM bzw. das Intranet. Im Intranet kann der neue Mitarbeiter Informationen und Einführungsthemen selbst recherchieren, oft sind sie bereits dialogfähig aufgebaut.

Sie finden in diesen Medien in der Regel aktuelle Projekte, Jahresabschlüsse und Presseveröffentlichungen, für die Arbeit notwendige Formulare, Organigramme, die Seite des

Betriebsrats, Angebote interner und externer Trainings bis hin zum Speiseplan der Kantine. Surfen Sie einfach mal durch und/oder lassen sich von einem Kollegen einführen.

Sie werden an Ihrem ersten Tag viele Informationen und Eindrücke erhalten, entweder in organisierten Einführungsveranstaltungen oder durch die Kontakte mit neuen Kollegen. Abends raucht Ihnen wahrscheinlich der Kopf und Sie können sich an vieles gar nicht mehr erinnern. Das ist völlig normal. Schließlich ist ein Unternehmen ein großer, vielschichtiger Komplex. Es braucht etwas Zeit, mit der neuen Umgebung vertraut zu werden.

1.1.2 Der erste Monat

Der erste Tag ist hoffentlich gut verlaufen, sodass Sie zuversichtlich in die nächsten Wochen starten. Nun werden die Grundlagen für Ihre Aufgaben gelegt und Beziehungen geschlossen, die sehr wichtig für Ihren späteren Erfolg im Unternehmen sind.

Einarbeitungspläne

Viele Unternehmen haben recht detaillierte individuelle Einarbeitungspläne. Diese geben Ihnen einen zeitlichen, räumlichen und inhaltlichen Rahmen für die Einarbeitungsphase. Dort wird aufgeführt, welche Abteilung oder welche Person Sie wann mit welcher Methode in Ihre Aufgabe bzw. in Ihren Teilbereich des Unternehmens einführt und an welchen externen und internen Fortbildungsmaßnahmen Sie teilnehmen werden. Ein gut ausgearbeiteter Einarbeitungsplan ist sehr hilfreich, um schnell das Unternehmen und die eigene Aufgabe kennenzulernen und produktiv zu werden. Gehen Sie diese Pläne möglichst genau mit Ihrem Vorgesetzten durch und lassen Sie sich die einzelnen Punkte erklären. Es ist wichtig, dass Sie den gesamten Inhalt und die Zusammenhänge gut verstehen. Dann haben Sie eine gute Orientierung und wissen, was Sie erwartet.

 TIPP Oft kollidieren betriebliche Erfordernisse zeitlich mit den Einarbeitungsplänen. Achten Sie aktiv darauf, dass der Plan wieder aufgenommen wird, sobald der Engpass vorüber ist.

Patensysteme

Häufig werden bei der Einführung neuer Mitarbeiter Patenschaften eingesetzt. Hierbei bekommen Sie einen erfahrenen Mitarbeiter zur Seite gestellt, der Ihnen für alle fachlichen und allgemeinen Fragen als Ansprechpartner zur Verfügung steht. Gute Paten erfüllen diese Rolle proaktiv, indem sie im Vorfeld darüber nachdenken, was sie Ihnen über das Unternehmen und Ihre Aufgabe mitteilen. Paten ergänzen die Arbeit des Vorgesetzten und sind in der Regel auf gleicher betrieblicher Ebene wie der neue Mitarbeiter angesiedelt. Wichtig ist, dass auch Sie mit dem Paten aktiv Umgang pflegen und ein ehrliches Vertrauensverhältnis aufbauen, denn dann können Sie auch tiefergehende Fragen stellen und mit einer aufrichtigen Antwort rechnen.

Verhalten in Patensystemen:

- Erläutern Sie beim ersten Gespräch Ihren Werdegang und Ihre Erfahrungen. So lernt der Pate Sie besser kennen und kann gezielter agieren.
- Bereiten Sie sich gut auf jedes Treffen vor.
- Notieren Sie sich zwischen den Treffen, was Ihnen aufgefallen ist und welche Fragen Sie Ihrem Paten stellen möchten.
- Verstehen Sie Kritik vom Paten nicht als persönlichen Angriff, sondern nehmen Sie diese als gut gemeinte und konstruktive Hilfestellung an.
- Fragen Sie den Paten nach seinem Werdegang im Unternehmen.
- Fragen Sie viel und lernen Sie aus seinen Erfahrungen.
- Versuchen Sie, ein gutes Vertrauensverhältnis zu Ihrem Paten aufzubauen.
- Lassen Sie sich die informellen Kommunikationswege erklären.

> TIPP Was tun, wenn es mit dem Paten nicht funktioniert? Gehen Sie proaktiv auf den Paten zu und sprechen die Themen offen an. Bitte nur in Ausnahmefällen eskalieren.

Umgang mit Kollegen

Die ersten Kontakte sind erfolgt, jetzt geht es weiter in die Tiefen und Untiefen menschlich-kollegialer Beziehungen. In dieser Phase kommt es am häufigsten zu Fehlern. Wer hier naiv und unbedacht agiert, gewinnt keine Freunde, sondern schafft sich im schlimmsten Fall Feinde. Doch durch richtiges Verhalten können Sie menschliche Beziehungen festigen und schnell Teil des Teams werden. Dieses Zugehörigkeitsgefühl ist sehr wichtig für das eigene Wohlbefinden am Arbeitsplatz und damit auch für die langfristig erfolgreiche Arbeit. Im Folgenden finden Sie einige grundsätzliche Hinweise, die nicht nur für die ersten Wochen gelten.

Hinweise zum Umgang mit Kollegen:

- Seien Sie nicht überheblich, auch wenn Sie ein Prädikatsexamen in der Tasche haben. Weisen Sie zu diesem Zeitpunkt keinesfalls auf Fehler Ihrer Kollegen oder Verbesserungsmöglichkeiten hin, auch wenn Ihnen diese offenkundig scheinen. Sie sind neu und wissen noch nicht, warum so agiert wird und was die historischen Hintergründe sind.
- Überlegen Sie sich genau und entscheiden Sie bewusst, was Sie von Ihrem Privatleben erzählen. Bitte geben Sie nicht voreilig Ihren Twitter- oder Facebook-Namen bekannt.
- Halten Sie sich vom Bürotratsch fern. Lassen Sie sich auf keinen Fall dazu verleiten, negativ über Dritte zu sprechen.
- Natürlich sollen Sie engagiert arbeiten. Dennoch sollten Sie von vornherein einen guten Mittelweg zwischen zu viel und zu wenig Arbeit einschlagen.
- Auch sollten Sie weder zu ruhig noch zu extrovertiert wirken.

- Machen Sie sich möglichst gleich am Anfang klar, was der Inhalt Ihrer Position ist und was von Ihnen erwartet wird. Überlegen Sie sich sehr genau, wann Sie sich unterordnen und wann Sie sich durchsetzen müssen. Lassen Sie sich nicht aus lauter Dankbarkeit für eine Hilfestellung zum „Kopierer vom Dienst" degradieren. Aber seien Sie sich bewusst, dass Sie auch nicht andere dazu machen dürfen.
- Achten Sie auf die betriebsinternen Gepflogenheiten beim Duzen.
- Seien Sie aufmerksam und fragen Sie Ihre Kollegen interessiert nach ihren Tätigkeiten.
- Achten Sie darauf, wie im Unternehmen mit Social Media umgegangen wird und verzichten Sie gegebenenfalls auf die Nutzung während der Arbeitszeit.

Die ersten Gespräche mit dem Vorgesetzten

Die ersten Gespräche mit Ihrem direkten Vorgesetzten sind richtungweisend für Ihre Entwicklung. Aber oft ist der Vorgesetzte aus Zeitmangel nicht gerade optimal vorbereitet. Wenn Ihre Stelle neu eingerichtet wurde, gibt es vielleicht auch deswegen einige Unklarheiten. Deshalb sollten Sie umso besser vorbereitet sein, denn nur so werden Sie die notwendigen Informationen erhalten, um Ihre Aufgabe erfolgreich zu erfüllen.

Inhalte der Gespräche mit Vorgesetzten:

- Sofern eine Stellenbeschreibung existiert, gehen Sie diese gemeinsam mit dem Vorgesetzten durch.
- Lassen Sie sich die Arbeitsabläufe und die Arbeitsunterlagen erklären.
- Gehen Sie auf die Arbeitsaufgaben, Ihre Befugnisse und Verantwortungen ein.
- Fragen Sie Ihren Vorgesetzten, was Sie tun müssen, um erfolgreich zu sein.
- Fragen Sie ihn, was auf gar keinen Fall passieren darf.
- Lassen Sie sich erklären, wen Sie in welcher Reihenfolge ansprechen sollten, um bestimmte Ergebnisse zu erzielen.
- Treten Sie bei diesen Gesprächen nicht zu fordernd, aber auch nicht zu devot auf.
- Seien Sie zu diesem Zeitpunkt noch vorsichtig mit Äußerungen zu Sachverhalten, die Ihnen nicht gefallen. Beobachten Sie diese lieber noch ein wenig.
- Beschweren Sie sich möglichst nicht über andere Kollegen, das fällt unter Umständen schnell negativ auf Sie selbst zurück.

FAZIT

Der erste Monat dient vor allem Ihrer Orientierung und Einarbeitung. Sie lernen die Menschen in Ihrer Umgebung besser kennen. Arbeiten Sie jetzt schon am Aufbau Ihrer Beziehungen. Gerade in dieser Zeit ist es wichtig, aufmerksam zu agieren und Instrumente, die Ihnen helfen können, effektiv zu nutzen.

1.1.3 Die ersten 100 Tage

Die ersten 100 Tage sind in der Regel eine gewisse Schonfrist. Das heißt allerdings nicht, dass Arbeitsergebnisse jetzt noch nicht wichtig wären. Man hält Ihnen lediglich zugute, dass Sie eine gewisse Zeit brauchen, um richtig produktiv zu werden. Trotzdem sollten Sie in dieser Zeit professionell agieren und gute Ergebnisse vorweisen können. Das Unternehmen muss schließlich erkennen können, dass Sie der richtige Mitarbeiter auf dem richtigen Platz sind.

Zielvereinbarungen

Viele Unternehmen nutzen mehr oder weniger standardisierte Zielvereinbarungssysteme als Führungsinstrument, die Ihnen einerseits eine Richtlinie für Ihre Arbeit geben und andererseits dem Unternehmen ermöglichen sollen, alle Mitarbeiter konform zur Gesamtunternehmensstrategie einzusetzen. Die Ergebnisse dieser Zielvereinbarungen sind für Ihren Vorgesetzten ein Indikator für Ihren Erfolg. Oft bilden Zielvereinbarungen auch die Grundlage für einen variablen Teil Ihres Gehalts und dienen so als Motivationsinstrument.

Obwohl eine „Vereinbarung" eigentlich eine zweiseitige Angelegenheit ist, sind Ihre Gestaltungsmöglichkeiten hier eher begrenzt. Viele Elemente und Ziele sind vorgegeben und werden von einem Gesamt-Unternehmensziel als Teilziele für die einzelnen Bereiche und dann weiter für die einzelnen Mitarbeiter heruntergebrochen. Das ist auch nachvollziehbar, da nur so eine einheitliche, zielgerichtete Unternehmensführung möglich ist.

Einen Schwerpunkt dieser Zielvereinbarungen aber bilden die persönlichen Ziele, die Sie selbst beeinflussen können. Dabei wird zwischen quantitativen und qualitativen Zielen unterschieden. Das quantitative Ziel eines Personalreferenten kann zum Beispiel die Einstellung von fünf Technikern gemäß vordefinierter Stellenbeschreibung innerhalb von drei Monaten sein. Ein qualitatives Ziel für einen Vertriebsmitarbeiter wäre beispielsweise die Erhöhung der Kundenzufriedenheit innerhalb des nächsten Quartals. Die Messbarkeit der qualitativen Ziele ist in der Praxis allerdings problematisch, da man auf Rückschlüsse aus Hilfsgrößen angewiesen ist, im Beispiel wäre das der Rückgang der Kundenbeschwerden von fünf auf drei innerhalb des Quartals.

Neben den persönlichen Zielen enthalten die Zielvereinbarungen häufig Unternehmensziele und/oder Bereichsziele. Diese können Sie nur in dem Maße beeinflussen, wie das Ihre Funktion zulässt. Durch diese Ziele möchte man die Identifikation mit dem Unternehmen und/oder Bereich stärken. Beispiele hierfür sind die Erhöhung des Gewinns vor Steuern im nächsten Jahr um fünf Prozent oder die Erhöhung des Deckungsbeitrags der Abteilung X im nächsten Jahr um zehn Prozent.

Oft sind diese Systeme schwer zu verstehen. Gerade für Berufsanfänger sind viele Elemente neu. Deshalb prüfen Sie Ihre Zielvereinbarung und die einzelnen Ziele mit Hilfe der SMART-Anforderungen:

SMART-Prüfung von Zielvereinbarungen

- **S**pezifisch (das Ziel muss eindeutig sein),
- **M**essbar (eine Bewertung muss möglich sein, bei qualitativen Zielen werden Hilfsgrößen verwendet),
- **A**kzeptiert (das Unternehmen und Sie müssen das Ziel befürworten),
- **R**ealistisch (das Ziel muss tatsächlich erreichbar sein),
- **T**erminiert (es muss eine Frist oder ein Datum für das Erreichen des Ziels geben).

Wenn Sie bezüglich der Zielvereinbarungen etwas nicht verstehen, sprechen Sie mit Ihrem Vorgesetzten und lassen Sie sich unklare Elemente erklären. Es ist wichtig, dass Sie alles in dieser Vereinbarung nachvollziehen können und dass Sie auch dahinter stehen und der Meinung sind, dass diese Ziele machbar sind. Nur dann kann Ihnen diese Vereinbarung helfen, die notwendigen Aktivitäten einzuleiten und erfolgreich zu werden.

Meetings

In jedem Unternehmen gibt es eine spezielle Meeting-Kultur. Achten Sie auf die Besonderheiten, denn gerade am Anfang kann man sich hier schnell unbeliebt machen. Seien Sie vor allem pünktlich, auch wenn Sie merken, dass manche Kollegen es nicht so genau mit der Pünktlichkeit nehmen. Es wird immer mindestens einen geben, der sich über Unpünktlichkeit ärgert.

> **TIPP** Noch einmal: Seien Sie ausnahmslos pünktlich!

Im Vorfeld wird in der Regel eine Agenda versendet. Lesen Sie sich diese genau durch und fragen Sie Kollegen, wenn Sie etwas nicht verstehen. Lassen Sie sich auch die Historie zu den einzelnen Punkten erklären. Dadurch kommen Sie während des Meetings schneller in die Thematik hinein. Überlegen Sie sich jetzt schon, was Ihr Beitrag sein könnte, und formulieren Sie Ihre Gedanken schriftlich.

Wenn das Meeting beginnt, achten Sie auf die Sitzordnung. Oft haben sich im Unternehmen bestimmte Regularien entwickelt. Es kommt nicht gut an, wenn Sie gleich beim ersten Meeting dem Geschäftsführer seinen angestammten Platz wegnehmen. Überlegen Sie während des Meetings immer wieder, an welcher Stelle Sie einen interessanten Beitrag liefern könnten. Dies kommt einer Gratwanderung gleich: Sie sollten weder zu ruhig wirken noch sollten Sie unqualifizierte Beiträge „leisten". Auch wenn sich ein Meeting hinzieht und Sie denken, dass die Ausführungen nicht relevant sind, lassen Sie sich weder Ungeduld noch Desinteresse anmerken. Hören Sie aufmerksam zu und bestätigen Sie dies in entsprechender verbaler und nonverbaler Weise. Machen Sie sich Notizen, auch von Ihren Gedanken zum Gehörten. Wenn Sie bestimmte unternehmensspezifische Ausdrücke oder Sachverhalte nicht verstehen, fragen Sie nach. Jeder wird Verständnis dafür haben, da Sie ein neuer Mitarbeiter sind.

Auch eine konstruktive Nachbearbeitung des Meetings ist notwendig. Ganz wichtig ist die Vervollständigung Ihrer Notizen, und zwar direkt nach dem Meeting, nicht erst in den nächsten Tagen, denn dann sind relevante Informationen aus dem Gedächtnis verschwunden. Führen Sie sich vor Augen, welche Aufgaben man Ihnen während des Meetings übertragen hat, und tragen Sie diese mit einem Zeitplan in Ihre persönliche Aufgabenliste ein. Wenn es ein offizielles Protokoll gibt, vergleichen Sie dieses mit Ihren Aufzeichnungen und klären Sie Unstimmigkeiten.

ACHTUNG Meetings kosten viel Zeit. Überlegen Sie immer wieder, welche Meetings für Sie wirklich wichtig und notwendig sind. Oft reicht es aus, das Protokoll zu lesen oder sich in anderer Weise zu informieren.

Kommunikation mit dem Vorgesetzten

Auf die Relevanz der Kommunikation mit Ihrem Vorgesetzten wurde bereits hingewiesen. Sie zählt zu den zentralen Erfolgsfaktoren Ihrer Karriere. Die größte Herausforderung für Sie ist aber die Nicht-Kommunikation Ihres Chefs. Viele Vorgesetzte stehen unter einem solchen Druck, dass sie der Meinung sind, für ausführliche, zielgerichtete Gespräche einfach keine Zeit zu haben. Überspitzt formuliert: „Wenn ich nichts sage, bedeutet das ein Lob!" Deswegen einige Tipps, wie Sie die für Sie wichtigen Informationen aktiv, aber behutsam einfordern können.

Tipps für die Kommunikation mit Ihrem Vorgesetzten:

- Gehen Sie aktiv auf Ihren Vorgesetzten zu und vereinbaren Sie feste Termine, am besten einen regelmäßig wiederkehrenden „Jour fixe".
- Wenn es schwer ist, einen Termin zu bekommen, versuchen Sie ihn oder die Assistentin Ihres Vorgesetzten von der Dringlichkeit zu überzeugen.
- Warten Sie nicht bis zum Ende der Probezeit auf ein Feedback.
- Stellen Sie konkrete Fragen: Bin ich noch auf dem Weg, den das Unternehmen/der Vorgesetzte sich vorgestellt hat?
- Welches Bild hat mein Vorgesetzter von mir gewonnen? Was kann ich noch besser machen? Was läuft nicht so gut?
- Seien Sie bereit, eigene Kurskorrekturen vorzunehmen, wenn Sie entsprechende Hinweise erhalten.
- Nehmen Sie Kritik nicht als Angriff, sondern als Anlass, Dinge zu verbessern.
- Wenn Sie Dinge geändert haben, lassen Sie sich Feedback geben und fragen Sie nach, ob sich Ihr Vorgesetzter dies auch so vorgestellt hat.
- Teilen Sie dem Vorgesetzten auch Ihre Eindrücke mit.
- Äußern Sie negative Kritik an anderen Mitarbeitern nur sehr behutsam.
- Gehen Sie bei Verbesserungsvorschlägen diplomatisch vor und begründen Sie diese mit gesicherten Fakten.

Berufliche Netzwerke

Arbeiten in Netzwerken ist eine Idee, die in ihrer ursprünglichen, ausgeprägten Form aus den USA kommt und unter dem Begriff „Networking" sehr populär ist. Dabei handelt es sich eigentlich nicht um etwas Neues, sondern um die bewusste Beschäftigung mit diesem Thema, über das es mittlerweile eine Vielzahl von Aufsätzen und Büchern gibt.

Netzwerke finden sich in jedem Lebensbereich. Auch in Unternehmen gibt es eine Reihe von Netzwerken, die man in formelle und informelle Netzwerke gliedern kann.

Formelle Netzwerke sind offen sichtbar, man kann sich leicht und schnell darüber informieren (Intranet, Broschüren etc). Oft haben diese Netzwerke einen gemeinsamen fachlichen Hintergrund. Ziel solcher Netzwerke ist die gemeinsame Optimierung der Prozesse und Aufgaben. Gerade im Rahmen von „Diversity" entstehen immer mehr formelle Netzwerke oder wandeln sich von informellen zu formellen Netzwerken. Dahinter steht der Gedanke, die individuellen, persönlichen Gemeinsamkeiten von Menschen zu respektieren, ihnen Raum zu geben und dadurch die Mitarbeiter zu motivieren. Daher fördern Unternehmen diese Netzwerke.

Informelle Netzwerke sind zunächst nicht sichtbar. Sie bestehen aus Mitarbeitern, die sich gut verstehen, Gemeinsamkeiten haben und sich deshalb zusammenschließen, um gemeinsam erfolgreicher zu sein. Über diese informellen Kommunikationsstrukturen lassen sich Ziele außerhalb des Dienstwegs erreichen. Neuen Mitarbeitern bleiben diese Netzwerke lange (oder vielleicht sogar immer) verborgen. Deshalb achten Sie ganz genau darauf, wer sich mit wem besonders gut versteht.

Engagieren Sie sich in den vorhandenen Netzwerken und nutzen Sie diese. Schauen Sie, welche formellen Netzwerke im Untenehmen vorhanden sind, und bringen Sie sich ein. Bauen Sie Ihr eigenes informelles Netzwerk im Untenehmen auf und pflegen Sie es. Wenn Sie sich bisher noch nicht mit Netzwerken bzw. der sinnvollen Gestaltung von Netzwerken beschäftigt haben, holen Sie es nach. Es gibt eine Vielzahl von guten Büchern und Informationen im Internet, die Sie hierbei unterstützen können.

FAZIT

Ihre berufliche Aufgabe tritt nun immer stärker in den Vordergrund, die Arbeitsergebnisse werden zunehmend wichtiger. Diese Ergebnisse können Sie aber nicht völlig allein erbringen: Sie brauchen dafür auch die Menschen in Ihrem Umfeld. Hierbei ist vor allem wichtig, dass Sie eine zielgerichtete Kommunikation mit Ihrem Vorgesetzten etablieren. Ebenso wichtig ist die Vereinbarung Ihrer Ziele, vor allem, dass Sie diese genau verstehen, um zielgerichtet handeln zu können. Neben den formellen Kommunikationswegen sind die informellen zu beachten. Diese können Sie am besten nutzen, wenn Sie sich in Netzwerken engagieren.

1.1.4 Das Ende der Probezeit

Der große Tag rückt näher. Spätestens jetzt wird es Zeit sowohl für das Unternehmen als auch für den Mitarbeiter zu beurteilen, ob die Zusammenarbeit wirklich gut verläuft. Ein wichtiger Stichtag für das Unternehmen, da es nach der Probezeit in der Regel aus arbeitsrechtlichen Gründen schwieriger wird, sich von einem Mitarbeiter zu trennen. Aber auch Sie sollten Ihre Erfahrungen in der Probezeit genau bewerten und entscheiden, ob das Unternehmen zu Ihnen passt. Denn nur in einem stimmigen Umfeld werden Sie langfristig erfolgreich arbeiten können und zufrieden sein.

Abschlussbeurteilung

Die Probezeit wird in der Regel mit einer schriftlichen Abschlussbeurteilung und einem Gespräch beendet. Wenn bereits Zielvereinbarungen getroffen wurden, dienen sie als Grundlage für die Beurteilung. Gibt es keine Zielvereinbarungen, wird der Vorgesetzte nach seiner persönlichen Einschätzung und professionellen Erfahrung entscheiden. Entscheidungsrelevant sind neben konkreten Zielvereinbarungen auch die „weichen" Faktoren. Es ist beispielsweise wichtig, dass der neue Mitarbeiter ins Team passt. So kann es vorkommen, dass eine Weiterbeschäftigung nicht befürwortet wird, obwohl die Zielvorgaben erreicht wurden, da der Mitarbeiter sich nicht ins Team integrieren konnte.

Wenn die Beurteilung der „weichen" Faktoren nicht in Ihrem Sinne ausfällt, fragen Sie nach, was Sie hätten besser machen können. Gegebenenfalls können Sie die Antwort nachvollziehen und daraus lernen. Wenn nicht, kann es sein, dass einfach die sogenannte Chemie nicht stimmt, allerdings lässt sich das nur schwer sachlich oder logisch ausdrücken. Nehmen Sie eine solche Kritik nicht als Angriff, sondern denken Sie darüber nach, was Sie daraus lernen.

Herzlichen Glückwunsch!

Die Probezeit ist erfolgreich bestanden, Sie haben das Unternehmen überzeugt, und das Unternehmen überzeugte auch Sie. Trotzdem sollten Sie diesen Stichtag nutzen, um die letzten Monate noch einmal Revue passieren zu lassen. Was hätten Sie besser machen können? Was haben Sie für die Zukunft gelernt? Obwohl die Probezeit vorüber ist, werden Sie natürlich weiterhin beobachtet und beurteilt. Durch den Trend zur „Verschlankung" der Unternehmen wird die Effizienz jedes einzelnen Mitarbeiters immer wichtiger. Sie dürfen sich jetzt also keinesfalls zufrieden zurücklehnen und meinen, das Rennen sei gelaufen. Stattdessen sollten Sie den Anlass als Motivationsschub nutzen, um neu durchzustarten und weiterhin das Beste zu geben. Beweisen Sie dem Unternehmen und Ihrem Vorgesetzen, dass Sie auch auf Dauer der richtige Mitarbeiter an der richtigen Stelle sind.

Exkurs: Es kommt immer häufiger vor, dass Unternehmen ihre Mitarbeiter auffordern, sich auf ihre momentane Stelle erneut „zu bewerben". Der Stelleninhaber soll genau begründen, warum gerade er der/die richtige Mann/Frau am richtigen Platz ist. Solch eine Bewerbung kann auch in einer Kündigung münden.

Wenn es doch nicht das Richtige war

Wenn die Probezeit nicht bestanden wurde, ist dies meist eine sehr schmerzliche Erfahrung, die Versagensgefühle sowie Existenz- und Zukunftsangst auslösen kann. Dies ist selbst dann noch der Fall, wenn man für sich bereits die Erkenntnis gewonnen hatte, dass man nicht zu der Aufgabe und/oder in das Untenehmen passt.

Wenn Sie in diese Situation geraten, sehen Sie das Positive daran: Jemand hat Ihnen die notwendige Entscheidung abgenommen. Nur aus – wenn leider auch nicht völlig unbegründeten – Ängsten heraus an einem Job festzuhalten, macht Sie nicht glücklich und behindert Sie in Ihrer weiteren Entwicklung. Lernen Sie aktiv aus der Erfahrung und nutzen Sie das Erlernte bei einer neuen Chance. Sollten Sie aber der Ansicht sein, dass Sie genau den richtigen Job im richtigen Unternehmen verloren haben, denken Sie darüber nach, warum Sie die anderen nicht von sich überzeugen konnten. Verlieren Sie dabei nicht den Mut, sondern beginnen Sie mit Hilfe des Gelernten neu. Und denken Sie daran: Rückschläge gehören zum Leben. Fürchten Sie sich nicht: Wenn Sie auch aus Ihren Niederlagen lernen, werden Sie künftig noch erfolgreich sein.

> „Erfolg ist, von Niederlage zu Niederlage zu gehen und dabei den Enthusiasmus nicht zu verlieren." *Winston Churchill*

Es gibt jedoch auch den Fall, dass das Unternehmen Sie gerne behalten würde, Sie selbst aber im Zweifel sind. Sie haben nun verschiedene Möglichkeiten, je nachdem, wie viel dem Unternehmen an Ihnen liegt. Wenn Sie den Einfluss haben, die Stelle an Ihre Erwartungen anpassen zu können, tun Sie es. Wenn die Differenzen aber so groß sind, dass eigentlich nur eine Trennung folgen kann, wird es möglicherweise schwierig. Selbstbewusste und konsequente Menschen gehen sofort und nehmen die damit verbundene Ungewissheit in Kauf. Wenn Sie häufiger derartige Schritte gehen, ist allerdings Vorsicht geboten. Wenn Ihr Lebenslauf mehrfach solche Entscheidungen aufweist, wird man Ihnen das voraussichtlich negativ auslegen. Wenn Sie sich zum Fortgehen entschieden haben, teilen Sie dies dem Unternehmen fair und behutsam mit. Bemühen Sie sich um eine einvernehmliche, für beide Seiten faire Trennung. Erstens beschädigen Sie sonst Ihren Ruf, und zweitens müssen Sie immer damit rechnen, Ihrem Gegenüber in ein paar Jahren unter veränderten Umständen erneut zu begegnen. (Man sieht sich mindestens zweimal.) Wenn Sie weniger selbstbewusst sind und mit Existenzängsten kämpfen, erfüllen Sie Ihre Aufgabe weiterhin professionell und bemühen Sie sich gleichzeitig um Alternativen.

FAZIT

Meist wird die Probezeit erfolgreich bestanden. Nutzen Sie den Erfolg als Motivationsschub und überzeugen Sie weiterhin. Sollten Sie es nicht geschafft haben, lernen Sie aus den Erfahrungen und wenden Sie das Erlernte bei der nächsten Chance an. Wenn Sie aber selbst der Meinung sind, dass das Unternehmen und/oder die Aufgabe nicht zu Ihnen passen, überlegen Sie, was Sie verändern können.

Ziehen Sie notfalls die unvermeidlichen Konsequenzen. Aber treffen Sie diese Entscheidung weder zu spontan noch allzu emotional. Bedenken Sie die Wirkung auf Ihren Lebenslauf und schützen Sie Ihren Ruf.

1.1.5 Kleiner Exkurs zum Arbeitsrecht

Für die Probezeit gelten einige rechtliche Besonderheiten. Sie betreffen vor allem die Kündigung, da den Vertragspartnern eine mögliche Trennung leicht gemacht werden soll. Im Folgenden finden Sie einen kurzen Überblick. Im konkreten Einzelfall sollten Sie jedoch einen Rechtsexperten hinzuziehen.

Dauer der Probezeit und Kündigungsschutz

Oft ist die Dauer der Probezeit in den Tarifverträgen geregelt. Wenn nicht, beträgt sie in der Regel sechs Monate. Wenn sie jedoch sechs Monate übersteigt, ist eine Kündigung nach dem sechsten Monat nur noch nach Maßgabe der Kündigungsschutzvorschriften möglich, da das Kündigungsschutzgesetz für alle Mitarbeiter in Betrieben mit regelmäßig über zehn Arbeitnehmern ab dem siebten Monat gilt. Innerhalb der ersten sechs Monate können beide Vertragspartner ohne Angaben von Gründen kündigen. Die Kündigungsfrist ist in der Regel im Arbeitsvertrag festgelegt. Falls nicht, gilt die gesetzliche Kündigungsfrist von zwei Wochen. Ist die Probezeit per Zeitvertrag beschlossen worden (beispielsweise vom 1. März bis 31. Juli auf Probe), ist keine ordentliche Kündigung möglich, sofern nichts anderes ausdrücklich vereinbart ist. Das Arbeitsverhältnis endet dann automatisch am 31. Juli. Im Anschluss vereinbaren die Vertragspartner in der Regel einen unbefristeten Arbeitsvertrag. Eine Verlängerung der Probezeit kann nur aus sachlichem Grund (Unsicherheit über Eignung des Mitarbeiters) erfolgen.

Krankheit

Die Lohnfortzahlung im Krankheitsfall gilt auch während der Probezeit, jedoch erst ab der fünften Beschäftigungswoche. Eine Kündigung wegen Krankheit ist innerhalb der Probezeit von sechs Monaten zulässig und kann nicht auf Grundlage des Kündigungsschutzgesetzes angefochten werden.

Urlaub

Urlaubsanspruch besteht auch während der Probezeit. Der Arbeitgeber kann den Zeitpunkt bestimmen, muss aber die Wünsche des Arbeitnehmers berücksichtigen. Die Probezeit verlängert sich nicht um die gewährten Urlaubstage.

> **TIPP** Wenn Sie in der Probezeit erkranken, teilen Sie dies Ihrem Vorgesetzten und der Personalabteilung unverzüglich mit. Wenn möglich, erklären Sie die Gründe. Nennen Sie auch das Datum, an dem Sie voraussichtlich wieder einsatzfähig sind.

1.1.6 Probezeit und Zielvereinbarung bei Scout24 Holding GmbH

Interview mit Andrea Hollenburger, Senior Vice President Human Resources

Andrea Hollenburger
Senior Vice President Human Resources, Scout24 Holding GmbH

Scout24, Sieben Marktplätze, 22 Länder

Als Internetpionier der ersten Stunde und eine der führenden Gruppe von Online-Marktplätzen in Europa steht Scout24 seit über zehn Jahren für nachhaltigen, wirtschaftlichen Erfolg. Die sieben Marktplätze der Scout24-Gruppe, ImmobilienScout24, AutoScout24, FriendScout24, FinanceScout24, JobScout24 und TravelScout24, sind in 22 Ländern präsent. Durch die Nutzung neuer Werbeformen sowie durch die Monetarisierung von innovativen Mehrwertdiensten stellt Scout24 langfristig profitables Wachstum sicher und ist Vorreiter für erfolgreiche Internet-Geschäftsmodelle.

Darüber hinaus schafft die Scout24-Gruppe schon heute die strategischen und strukturellen Rahmenbedingungen für das Wachstum von morgen. Gegenseitiger Austausch sowie eine enge Zusammenarbeit mit Partnern und Kunden sind fest in der Unternehmenskultur verankert. Grundlage ist die Überzeugung, dass ein offenes und kooperatives Klima der ideale Nährboden für die Entwicklung marktfähiger Innovationen ist. Umgesetzt wird diese Philosophie nicht zuletzt im YOU IS NOW-Lab von ImmobilienScout24, das es Mitarbeitern, aber auch externen Startup-Teams ermöglicht, neue Geschäftsideen zu entwickeln.

Wie gestalten Sie die Probezeit neuer Mitarbeiter in Ihrem Unternehmen?

Wir beschäftigen uns mit der Probezeit des neuen Mitarbeiters, die in unserem Haus generell sechs Monate dauert, schon vor seinem ersten Arbeitstag: Ihm wird ein individuell gestalteter Einarbeitungsplan für die ersten Wochen zusammengestellt, den er schon vor Arbeitsbeginn im Briefkasten findet. Der Plan enthält zum Beispiel Informationen darüber, welche Kollegen er kennenlernt, in welche Aufgaben er eingewiesen und an welchen Fortbildungsmaßnahmen er teilnehmen wird. Sehr wichtig ist hierbei die chronologische Darstellung der einzelnen Maßnahmen, damit der Mitarbeiter zu jeder Zeit weiß, was auf ihn zukommt.

Was erwartet den „Neuen" an seinem ersten Tag?

Uns ist bewusst, dass der erste Arbeitstag für einen guten und konstruktiven Start am neuen Arbeitsplatz entscheidend ist. Aus diesem Grund bringen wir dem neuen Mitarbeiter viel Aufmerksamkeit entgegen: Sein Arbeitsplatz muss komplett funktionsfähig sein und er muss in der Lage sein, alle Kommunikationsmittel zu nutzen. Am ersten Arbeitstag erhält der neue Mitarbeiter auch das „New Scouties Welcome Package", in dem grundlegende Informationen über das Unternehmen und die Arbeitsweise bei Scout24 zusammengefasst sind. Es gibt keine gesonderte Einführungsveranstaltung, doch gibt es bei Scout24 regelmäßige „all hands Meetings", bei dem der neue Mitarbeiter in einer angenehmen Atmosphäre seine Kollegen sowie die Kollegen der anderen Verticals kennenlernt und viel über das Unternehmen und unsere Kultur erfährt, sowie Informationen zu aktuellen Projekten, Financials und neuen Produkten.

Auch während der gesamten Probezeit wird der Mitarbeiter intensiv betreut. Regelmäßig finden Gespräche mit dem direkten Vorgesetzen und der Personalabteilung statt, in denen Fortschritte oder eventuelle Schwierigkeiten besprochen werden. Im vierten Monat findet der „Scouties Dialogue" statt. Während dieses Gesprächs werden alle Aspekte der Zusammenarbeit beleuchtet und Maßnahmen für die Zukunft geplant.

Was sind für Sie die wichtigsten Faktoren für eine erfolgreiche Probezeit?

Ein wichtiger Faktor für eine erfolgreiche Probezeit ist der Integrationsgrad des Mitarbeiters. Wir möchten wissen, wie gut er in sein Team eingegliedert ist und wie sein Beitrag zur Teamarbeit im Detail aussieht. Ein weiterer Indikator ist der Grad der Zielerreichung bei den vereinbarten Aufgaben. Man muss jedoch berücksichtigen, dass der Mitarbeiter zu diesem Zeitpunkt noch nicht seine volle Leistungsfähigkeit entfaltet haben kann.

Was sind für Sie die häufigsten Gründe für eine Trennung während der Probezeit?

Der häufigste Grund ist ganz einfach zu beschreiben: Die „Chemie" stimmt nicht. Ein gemeinsames Verständnis und gegenseitige Wertschätzung sind die Basis für eine erfolgreiche Zusammenarbeit. Ohne diese Basis ist eine gemeinschaftliche Leistungserbringung nur mit großen Widerständen möglich und führt selten zum gewünschten Ziel. Ein anderer wichtiger Grund für eine Trennung in der Probezeit ist eine Abweichung die gegenseitigen Erwartungen betreffend.

Wie werden die Vorgesetzten auf die Einarbeitung neuer Mitarbeiter vorbereitet?

Die Führungskräfte bei Scout24 verfügen in der Regel über fundierte Kenntnisse und viel Erfahrung in der Einarbeitung neuer Kollegen. Doch damit ist es nicht getan. Aktiv begleitet werden sie von der Personalabteilung mit gezielten Coaching-Einheiten. In diesen Einheiten werden konkrete Fragestellungen erörtert und Lösungswege gemeinsam erarbeitet. Daneben bieten wir Führungskräften externe Trainings an, bei denen sie gezielt ihr Führungsverhalten, insbesondere in der Einarbeitung neuer Mitarbeiter, optimieren können.

Gibt es in Ihrem Unternehmen ein Zielvereinbarungssystem? Und wenn ja, wird dies auch schon in der Probezeit angewendet?

Unser Zielvereinbarungssystem gilt für alle Mitarbeiter und ist mit den variablen Gehältern gekoppelt, die in unserem Haus „Scouties Bonus" genannt werden. Die individuellen Mitarbeiterziele werden von den Bereichszielen und diese von den Unternehmenszielen abgeleitet. Dabei ist die Gewichtung abhängig von der Position und der Verantwortung des Mitarbeiters. Zu Beginn des Jahres werden die Ziele in einem persönlichen Gespräch zwischen Führungskraft und Mitarbeiter vereinbart und am Ende des Jahres der Zielerreichungsgrad besprochen. Für neue Mitarbeiter gilt das Zielvereinbarungssystem ebenfalls. Die Ziele werden im zweiten Monat der Beschäftigung vereinbart.

1.1.7 Trendthema Work-Life-Balance: Nicht mehr nur die Karriere zählt

„Mein Haus, mein Auto, mein Boot." Dieser Werbespot hat Kultstatus erreicht und beschreibt kurz und knapp, wie wichtig es ist, die finanziellen Mittel für gewisse Luxusgüter zur Verfügung zu haben. Allerdings: Vor Jahren kam diese Kampagne an. Heute trifft sie nicht mehr den Geist der Zeit, glaubt man Studien über die Ziele des akademischen Nachwuchses. Nicht mehr die konventionelle, am Einkommen festgemachte Karriere steht oben auf der Agenda. Was zählt, ist ein austariertes Verhältnis von Arbeitszeit und Freizeit. In dieser „Work-Life-Balance" ist die Währung guter Arbeit nicht nur Erfolg und Geld. Sinn und Zufriedenheit sind ebenso wichtig.

Eine OECD-Studie aus dem Jahr 2011 ergab beispielsweise, dass Deutschland in Bezug auf die „Work-Life-Balance" auf Platz 8 der 34 OECD-Länder liegt. Offenbar scheint Deutschland im internationalen Vergleich also recht gut dazustehen.

Wertewandel bei Studenten

Weitere Studien zur Zufriedenheit und zu den Erwartungen an einen Arbeitsplatz signalisieren einen Wertewandel bei Studenten ebenso wie bei HR-Abteilungen. So nennt die Absolventenstudie 2011/2012 von Kienbaum Communications Befunde zur Befindlichkeit der Berufsanfänger. Für 71 Prozent markieren Familie und Freunde die wichtigsten Eckwerte des Lebens. Danach folgt die Selbstverwirklichung. Erst auf Rang drei steht das sonst gewohnte Duo: Erfolg und Karriere. Offenbar ist ein neuer Lebensplan geboren – schon bei den jungen Arbeitnehmern. Dazu gehört zwar auch Selbstverwirklichung im Job, aber eben nicht um jeden Preis. Studenten merken heute schon während der akademischen Ausbildung, was es bedeutet Leistungsdruck und Konkurrenzdenken ausgesetzt zu sein. Michaela Hombrecher, Techniker Krankenkasse, beobachtet vor diesem Hintergrund ein „steigendes Verordnungsvolumen von Psychopharmaka und höhere Inanspruchnahme von psychotherapeutischer Unterstützung bei Studierenden. Dies legt die Vermutung nahe, dass die Reformen in der akademischen Ausbildung nicht spurlos an den jungen Menschen vorbeigehen. Der Druck, das Studium zügig zu absolvieren, ist durch Studiengebühren und die neuen Bachelor- und Master-Studienabschlüsse gestiegen."

Offenbar haben Berufsanfänger ein Leiden hinter sich und ein Leid-Bild der Arbeit im Kopf. Es sind reale oder auch nur vermutete Arbeitsbedingungen, die den Start in das Berufsleben begleiten:

- Verdichtung von Arbeit, dadurch weniger Freizeit
- zeitlicher Druck
- Konkurrenz innerhalb der Mitarbeiter
- Aufstiegserwartungen
- Kostendruck in allen Branchen
- dauerhafte Erreichbarkeit per mobilem Internet
- Wegfall der Grenze zwischen Arbeit und Freizeit

Vor diesem Hintergrund zeigt die Kienbaum-Studie auch folgendes Ergebnis: Für die Hälfte der befragten Absolventen sind Work-Life-Balance und kollegiale Arbeitsatmosphäre entscheidungsrelevant für eine Stelle. Dazu gehören flache Hierarchien, flexible Arbeitszeiten und die Möglichkeit, Beruf und Familie in Einklang zu bringen.

Das Private wird nicht mehr der Karriere geopfert. Heute geht es um Arbeitsqualität, die mit Lebensqualität einhergeht - auch bei Wirtschaftswissenschaftlern. Die Studie der Personalberatung Dwight Cribb vom Oktober 2012 (für Immobilien-Scout24) ergab: Work-Life-Balance ist wichtiger als Gehalt (70 Prozent vs. 65 Prozent). Aufstiegschancen rangieren mit 62 Prozent nur an vierter Stelle. Bei der Wahl des Arbeitgebers dominiert bei vielen Wirtschaftsstudenten die „Maximierung der persönlichen Bedürfnisbefriedigung", danach folgen klassische Karriere-Kriterien. Frauen sind ein sicherer Arbeitsplatz (72 Prozent) sowie ein ausgeglichenes Verhältnis von Berufs- und Privatleben (75 Prozent) wichtig. Weitere wichtige Auswahlkriterien sind ein gutes Betriebsklima und die Unternehmensphilosophie.

Was motiviert die heutigen Absolventen* im Beruf im Vergleich zur Generation davor?

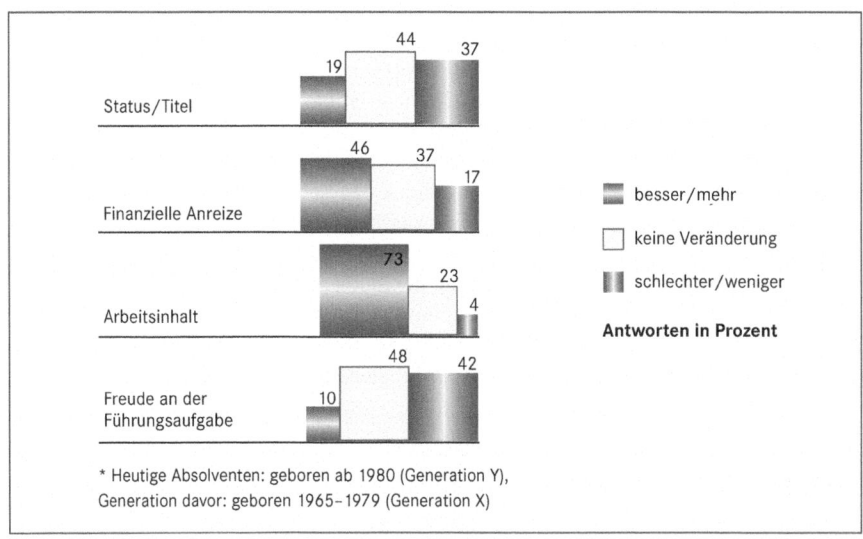

* Heutige Absolventen: geboren ab 1980 (Generation Y),
Generation davor: geboren 1965–1979 (Generation X)

Quelle: Manager Magazin, 1/2013, Odgers Berndtson 2012, Umfrage unter den Personalchefs der 500 größten Unternehmen Deutschlands

Diese Ergebnisse korrespondieren mit einer Studie von 2011 der Marktforscher von Trendence. Google ist zwar Favorit, wenn es um Wunsch-Arbeitgeber geht. Dann aber bevorzugen Nachwuchskräfte angestammte Unternehmen vor Start Ups. Oder es zieht sie in den sicheren Hafen des öffentlichen Dienstes. Traditionelle Rollen sind aktuell wie eh und je: Männer wollen in die Auto- und Elektrobranche, Frauen in den öffentlichen Dienst oder zu Konsumgüterherstellern wie beispielsweise l'Oreal.

Typologie des Nachwuchses

Was allerdings im Rahmen der Studien auch auffällt: Die Idee von der Work-Life-Balance leitet nur einen Teil des Nachwuchses. Die GfK Grundlagenstudie „Leben & Arbeiten in Deutschland 2012" ortet zwar eine Generation Y, die Geld und Status eintauscht gegen sinnstiftende Arbeit. Die GfK nennt diesen Typus „Vereinbarer". Sie sind jung, unter 35 Jahre alt, gebildet, optimistisch und bringen Arbeit, Familie und Freizeit unter einen Hut. Job und Kinder sind kein Widerspruch, die Hausfrauen-Ehe keine Lösung und Familienarbeit kein Tabu. Alle Schichten sind vertreten. Aber: Zur Generation Y gehören nur 30 Prozent der jungen Beschäftigten. Diese Postmaterialisten arbeiten etwa zwei Stunden weniger als Ältere und haben mehr Zeit: für private Kontakte, Internet, Facebook, Smartphone. Kehrseite: In der Hierarchie rangieren sie ein bis zwei Stufen unter Kollegen, die herkömmlich orientiert sind.

Der Typus des „Berufsorientierten" macht ein Viertel aus und hat wie gehabt Karriere im Kopf. Zwei Drittel der unter 30-Jährigen verzichten dafür auf Hobbys, die Hälfte auf Freunde, jeder dritte auf Gesundheit, jeder vierte auf Familie. Der Job hat für diese – meist männlichen – Typen seinen Charme. Folgen werden eingepreist: Für 70 Prozent gehören Zeitdruck, Stress, Ehe- und Lebenskrisen, Gesundheitsbeschwerden dazu. Überraschend: Mehr Workaholics fürchten den Verlust des Jobs als jene, die weniger verdienen und Job und Privates vereinbaren.

Anders als die Workaholics nehmen sich „Familienorientierte" Zeit für Kinder und Partner. Diese von Frauen geprägte Gruppe hat ein Handicap. Wenn der Partner zu den Berufsorientierten gehört, tragen die Familienmenschen – unfreiwillig – eine Doppelbelastung mit Beruf, Haushalt, Familie. Daher plädieren besonders weibliche Absolventen mit FamilienSinn für Flexibilität, Teilzeitangebote und Home-Offices. Fast am Gegenpol zu den Familienorientierten arbeiten die „Unabhängigen". Sie sind entspannt, verdienen gut. Hier finden sich überwiegend Singles und kinderlose Paare.

Für die Deutsche Gesellschaft für Personalführung hat die Generation Y ein Janusgesicht. Einerseits stelle sie vieles in Frage, sei ziellos, sprunghaft und ihr fehle das Gespür für klassische Werte wie Ordnung, Pünktlichkeit oder angemessene Kleidung. Andererseits schlagen zu Buche: Web 2.0-Kompetenz, Kreativität. Da sich diese nicht in ein konventionelles Korsett pressen lassen, müssen Unternehmen umdenken.

Work-Life-Balance und Bewerbung

Doch wie viel vom Wunsch rettet sich vom Studium in die Wirklichkeit? Sind es Flausen, mit denen Nachwuchskräfte die Personaler eher verstören denn überzeugen? Gerät nach Bachelor oder Master die Work-Life-Balance aus den Fugen, weil Wunsch und Wirklichkeit auseinanderklaffen? Bis vor zehn Jahren war Work-Life-Balance tabu bei Personalmanagern, so der Work-Life-Balance-Monitor des BWL-Instituts der TU Darmstadt. Heute rückt es in Bewerbungsgespräche vor. Allerdings sollte man, so der Monitor, nicht direkt im Einstieg des Gesprächs nach flexiblen Arbeitszeiten fragen.

Was Unternehmen tun können: Talking-Action-Gap vermeiden

Die Kienbaum Studie 2011 sieht „immense Herausforderungen" für Rekrutierung und Employer Branding. Zum einen verknappt die demografische Entwicklung das Angebot an Nachwuchskräften, zum anderen wandeln sich die Anforderungen der jungen Menschen. Nur derjenige, dem es gelingt, sie zu Höchstleistungen zu motivieren, wird im Wettbewerb bestehen. Läuft die Work-Life-Balance aus dem Ruder, kann das betriebswirtschaftliche Folgen haben, zum Beispiel:

- hohe Fehlzeiten
- hohe Fluktuation der Mitarbeiter/Innen
- geringe Auslastung der Produktionskapazitäten
- Produktionsausfälle, Störung des Workflows
- geringe Innovationskraft und geringes Kreativitätspotenzial
- weniger Geschäftsabschlüsse

Die Rücksicht auf das Privatleben und die Freizeit der Arbeitnehmer wird zum Argument auch beim Recruitment: Sie zahlt sich aus wie eine emotionale Bindung an Arbeitsplatz und Arbeitnehmer. Unternehmen können eine Reihe von Instrumenten einsetzen, um ein gutes Arbeitsklima zu schaffen. Sie reichen von der Vereinbarkeit von Beruf und Familie bis zu Details wie der Tasse mit persönlichem Namen zum Neustart und beinhalten zum Beispiel:

- frei einteilbare Arbeitszeiten, Gleitzeit, Arbeitszeitkonten
- leichter Wiedereinstieg nach Schwangerschaft, Elternzeit
- Home-Office
- Sportangebote im Unternehmen
- Ruheräume, gemeinsame Frühstücksräume
- betriebseigene Kinderbetreuung
- Vorschlagsmanagement der Mitarbeiter
- Mentoren für Neuanfänger
- Weiterbildung

Lassen sich Privates und Berufliches koordinieren, „profitiert nicht nur der Mitarbeiter, sondern auch das Unternehmen", so Martin Sonnenschein Managing Director Central Europe beim Beratungsunternehmen A.T. Kearney. „Lebensentwürfe verändern sich und High Potentials erwarten heute mehr denn je, dass Arbeitgeber sich ihrem Lebensstil anpassen. Unternehmen reagieren mit Worklife-Balance Programmen. Nicht alle Programme halten, was sie versprechen". So attestiert der HR-Report 2012/2013 des Instituts für Beschäftigung und Employability IBE eine „Talking-Action-Gap": Nur für ein knappes Drittel der Entscheider ist die Work-Life-Balance eines der zentralen HR-Themen. Vielmehr wird die Führungskultur als besonders relevant erachtet. Für 43 Prozent ist Mitarbeiterbindung wichtig. Der weibliche Nachwuchs steht selten auf der Agenda: Für ein Drittel gilt, dass die steigende Zahl arbeitender Frauen ihre Personalpolitik nicht beeinflusst. Wichtiger sind interkulturelle Kompetenzen aus dem Ausland.

Was Unternehmen den Mitarbeitern bieten

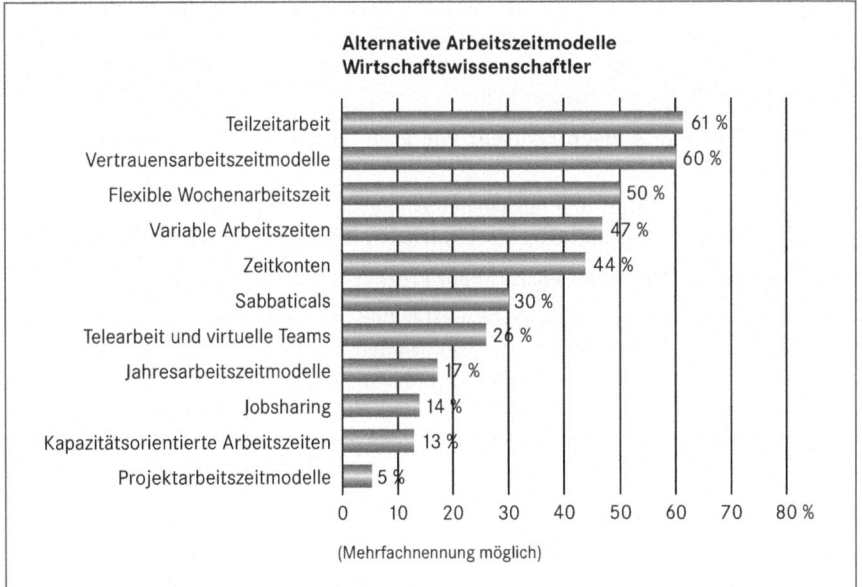

Alternative Arbeitszeitmodelle
Wirtschaftswissenschaftler

Arbeitszeitmodell	Prozent
Teilzeitarbeit	61 %
Vertrauensarbeitszeitmodelle	60 %
Flexible Wochenarbeitszeit	50 %
Variable Arbeitszeiten	47 %
Zeitkonten	44 %
Sabbaticals	30 %
Telearbeit und virtuelle Teams	26 %
Jahresarbeitszeitmodelle	17 %
Jobsharing	14 %
Kapazitätsorientierte Arbeitszeiten	13 %
Projektarbeitszeitmodelle	5 %

(Mehrfachnennung möglich)

Quelle: Staufenbiel Job Trends Deutschland 2012

INTERVIEW:

Dr. Ursula Schütze-Kreilkamp, Leiterin Personalentwicklung Konzern und Konzernführungskräfte, DB Mobility Logistics AG und Vize-Präsidentin, Bundesverband der Personalmanager (BPM), Berlin

Sind Karriere und Geld noch die stärksten Antriebe für High Potentials?

Nach wie vor spielen Karriere und Gehalt zwar eine Rolle für High Potentials, allerdings haben sich Inhalte und Gewichtung verändert. Mit Karriere assoziieren High Potentials Karriere-Möglichkeiten, sprich: wie viel Gestaltungsräume werde ich haben? Wie viel Selbstbestimmung darf ich ausüben, wie viele hierarchischen Realitäten muss ich mich beugen? High Potentials sammeln in der Regel Erfahrungen außerhalb des Elternhauses, durch Auslandsaufenthalte und Praktika. Sich durchsetzen zu müssen, kreativ zu (über-) leben, vieles gestalten zu dürfen – ist ihnen vertraut. Ebenso das sich Einfinden in fremde

Kulturen und soziale Zusammenhänge. Dies unterstützt das Streben nach hierarchieflachen Strukturen, angstfreiem Handeln und mutigen Alleingängen im Rahmen des beruflichen Entfaltungswunsches. Gehalt wird als Ausdruck der Wertschätzung verstanden, über dessen Höhe nicht gefeilscht wird, sondern das quasi selbstverständlich in der als gerecht empfundenen Höhe gezahlt werden sollte.

Sind Work-Life-Balance-Ideen Flausen? Wie groß ist die Gefahr, Personaler zu irritieren?

Work-Life-Balance ist heute kein Ausnahmethema mehr. Im Gegenteil – eine reflektierte, gut argumentierte Darstellung zeugt von bewusstem Umgang mit sich und seinem Leben.

Wie wichtig ist das Thema im Recruitment-Prozess?

Work-Life-Balance ist eher ein indirekter Bestandteil des Recruitments. Moderne Unternehmen wollen sich in ihren Recruitment-Aktivitäten als kulturell hoch entwickelte, den Arbeitnehmer wertschätzende Unternehmen präsentieren. Sinnhafte Arbeit anzubieten in einer guten Arbeits- und persönlichen Entwicklungsatmosphäre unter Respektierung und Beachtung des Privatlebens des Einzelnen, ist heute Aufgabe und Ziel vieler Arbeitgeber.

Unzufriedenheit und Burnout

Während in den Niederlanden zwei von drei Arbeitnehmern einen Gleichklang von Job und Familie verspüren, sind es in Deutschland nur die Hälfte. Eine andere Zahl der Studie des Bürodienstleisters Regus von 2012 weist nach, dass Mehrarbeit nicht nur negativ bewertet wird: 64 Prozent geben an, trotz Mehrarbeit mehr Spaß an der Arbeit zu haben als früher. Auch die Kienbaum Studie von 2007 „Work-Life-Balance von Top-Managern" stellt fest, dass Geld und Karriere nicht allein zur Arbeit motivieren: 95 Prozent sagen, „Arbeit macht mir Spaß." Doch bei anderen hört der auf, so die Studie „Leben & Arbeiten in Deutschland". 57 Prozent fühlen sich vom Job belastet, 58 Prozent klagen über Stress, 68 Prozent akzeptieren Mehrarbeit nur, um mehr zu verdienen. Die Studie entlarvt zudem die Legende vom Top-Verdiener, der für mehr Geld mehr arbeitet. Sowohl Bezieher geringer als auch hoher Einkommen arbeiten nahezu gleich lang.

Primär junge Menschen leiden unter Arbeitsdruck und identifizieren sich kaum mit ihrem Arbeitgeber, so die Studie 2011 „GfK International Employee Engagement". Nur 21 Prozent der 18- bis 29-Jährigen fühlen sich „sehr verbunden" mit ihrem Arbeitgeber, aber 31 Prozent der über 60-Jährigen. Die GfK sieht in dieser Kluft zwischen „Junioren" und „Senioren" die Gefahr einer gespaltenen Arbeitnehmerschaft. „Zukünftig müssen Arbeitgeber überzeugende Konzepte liefern, wenn sie im Kampf um Talente bestehen und eine nachhaltig engagierte Mitarbeiterschaft erhalten wollen", so Dr. Ingrid Feinstein, Senior Consultant, GfK SE Trustmark.

Prozentanteil der Mitarbeiter, die „oft" bzw. „fast immer" unzufrieden sind mit:

Alter	Work-Life-Balance	Arbeits-druck	Arbeits-platzsi-cherheit	Lange Arbeits-zeit	Ressourcen zur effektiven Jobgestaltung	Persönli-che Ge-sundheit
18–29	39	40	33	31	34	32
30–39	34	38	31	26	31	26
40–49	30	36	26	23	30	25
50–59	28	34	27	23	32	27
60+	24	28	24	17	22	22

Quelle: GfK International Employee Engagement Studie, 2011

Salopp heißt es: Wer gut drauf ist, arbeitet gerne und besser. Doch auch wenn der Job Spaß macht oder als Notwendigkeit erkannt wird, um die Basis für (andere) postmaterielle Werte zu schaffen: Wenn das Arbeitspensum auf Dauer zu hoch ist, wird aus Spaß Ernst. Die Folgen sind abzulesen. 42 Prozent der Jung-Akademiker zählen sich zur Burnout-Risikogruppe, so das Marktforschungsunternehmen Trendence. Zeichen eines Burnouts (nach Matthias Burisch: Das Burnout Syndrom. Theorie der inneren Erschöpfung. Heidelberg: Springer):

- Nicht-Abschalten-Können: Grübeleien, Schlafschwierigkeiten
- Aufmerksamkeits- und Konzentrationsstörungen, Zerstreutheit, Flüchtigkeitsfehler
- Gefühl von Zeitnot und Gehetztheit, Unruhe; Unfähigkeit zur Entspannung
- Sozialer Rückzug: Meidung von Kontakten mit Kunden, Kollegen, Freunden
- Verringerte Emotionskontrolle: Reizbarkeit; Wutausbrüche; starre Mimik (Pokerface)
- Leistungsabfälle; unnötige Überstunden
- Krankheitsanfälligkeit: Fehlzeiten

Anregung zum Nachdenken

Der Balanceakt zwischen Job und Freizeit klappt nicht immer. Doch Kritiker kontern: Muss er auch nicht. Schon der Versuch, Job und Familie zu arrangieren, kann Stress erzeugen. Die Folgen: Frust in Firma und Familie. Die Ansprüche sollten daher auch nicht übertrieben hoch gesetzt werden. In diesem Sinn rät beispielsweise das Magazin „Business Punk": „Pfeift auf die Work-Life-Balance. Dieses ganze Konzept der Work-Life-Balance nervt. Es tut so, als könnten wir alles gleichzeitig haben."

1.2 Selbstmanagement

Die notwendige Basis für einen Karrierestart haben Sie jetzt in der Tasche – Ihren Hochschulabschluss. Fachwissen allein reicht jedoch nicht, um eine erfolgreiche Karriere zu starten. Fast genauso wichtig für den beruflichen Erfolg sind:

1. die Qualität der Arbeit,

2. der persönliche Eindruck,

3. der Bekanntheitsgrad im Unternehmen,

4. die Aufmerksamkeit des Vorgesetzten.

Interessant ist dabei die Gewichtung der Kriterien: Zu 60 Prozent, so eine Studie des IT-Konzerns IBM, hängt eine Beförderung vom direkten Vorgesetzten ab. Das Auftreten des Kandidaten ist dagegen nur zu 30 Prozent Karriere entscheidend. Die Qualität der Arbeit schlägt gerade mal mit 10 Prozent zu Buche. Der persönliche Auftritt wird mit 30 Prozent also wesentlich höher eingestuft. Daraus zu schließen, dass die Qualität der Arbeit unwichtig ist, ist jedoch unzutreffend – aber sie ist eben nicht alles.

> **TIPP** Es kommt im Berufsleben darauf an, positiv aufzufallen – frei nach dem Motto: „Tu Gutes und rede darüber".

Um positiv aufzufallen, müssen Hochschulabsolventen über das Fachwissen hinaus heute ein breites Spektrum an **Schlüsselqualifikationen** bieten. 80 Prozent der Unternehmen erwarten, dass diese Schlüsselqualifikationen bereits im Studium vermittelt werden. Für 93 Prozent der Unternehmen sind sie für den Berufseinstieg genauso wichtig oder noch wichtiger als Fachwissen.

Unternehmensvertreter sehen vor allem bei der **persönlichen Kompetenz** der Hochschulabsolventen großen Entwicklungsbedarf. Darunter fallen Eigenschaften wie Zeit- und Selbstmanagement, also Grundlagen für selbstständiges Arbeiten. Bei der methodischen Kompetenz sehen die Unternehmen weniger Defizite, dennoch besteht auch hier mit 43 Prozent noch Bedarf, vor allem bei den EDV-Kenntnissen und Präsentationstechniken.

Zunächst die gute Nachricht: Die meisten der genannten Qualifikationen bringen Sie als Hochschulabsolvent bereits mit. Ohne Engagement, analytisches Denken, Zielorientierung und Belastbarkeit kann man kein Studium durchziehen. Andere Qualifikationen – wie etwa Kommunikations- und Teamfähigkeit oder Kreativität – sind je nach Studiengang an der Universität mehr oder weniger gefragt. Ob das Rüstzeug Ihrer Schlüsselqualifikationen für den Berufsalltag auch ausreicht, steht jedoch auf einem anderen Papier.

Auch **Soft Skills** lassen sich erlernen. Vieles, was einen Menschen zu einer beeindruckenden Persönlichkeit macht, wie etwa Selbstsicherheit und Überzeugungskraft, basiert auf dem soliden Fundament einer gründlichen Vorbereitung von Gesprächen und Vorträgen, von Fachkompetenz und der sorgfältigen Erledigung der eigenen Arbeit.

Defizite in dem einen oder anderen Bereich können durch die Beherrschung und Anwendung von Karrieretools aufgefangen werden. Dahinter stecken einfache Grundregeln, die helfen,

- das persönliche Arbeitspensum zu bewältigen,
- Probleme zu lösen,
- sich in das Unternehmen und verschiedenste Teams zu integrieren,
- die eigene Person und die eigene Arbeit zu präsentieren,
- mit Argumenten zu überzeugen und sich gegen Kritik zu verteidigen.

Konsequent umgesetzt und eine ordentliche fachliche Leistung vorausgesetzt, sollten Sie so das nötige Rüstzeug besitzen, um die angemessene Aufmerksamkeit der Vorgesetzten zu erhalten, die für den weiteren Verlauf Ihrer Karriere so entscheidend ist.

1.2.1 Zeiteinteilung

Eine der größten Umstellungen, die den Berufseinsteiger nach einem Studium erwartet, ist der Verlust der Freiheit der selbstständigen Zeiteinteilung. Während Sie als Student weitgehend frei entscheiden konnten, wann Sie sich auf Klausuren vorbereiteten oder Seminararbeiten schreiben wollten, bestimmen nun Dritte über einen Großteil Ihres Tages. Vorgesetzte und Kollegen erwarten nicht nur pünktliches Erscheinen, sondern haben auch eine Erwartung, wann Sie welche Aufgabe erledigen sollten (am besten gestern) und planen Sie ungefragt in Meetings ein. Nun einfach alle Aufgaben und Termine in den Kalender eintragen und nacheinander abarbeiten – das funktioniert in den seltensten Fällen. Auch wer während des Studiums keine Probleme mit dem persönlichen Zeitmanagement hatte, kann bei der Umstellung ganz schön ins Schwitzen kommen.

Zeitmanagement ist im Berufsalltag das wichtigste Element des Selbstmanagements. Die Kontrolle über die Zeit bedeutet Kontrolle über die wichtigsten Aspekte des eigenen Lebens. Auch wenn Sie stark fremdverplant werden – die Gestaltung Ihrer frei verfügbaren Arbeitszeit ist umso wichtiger, damit Sie alle Ihre Arbeiten termingerecht erledigen können. Behalten Sie Ihre Zeitplanung unter Kontrolle.

Das Zeitplanbuch

Eine der Grundregeln des Zeitmanagements lautet, nicht die Zeit zu verplanen, sondern die Aufgaben dem Ziel unterzuordnen, das man erreichen möchte. Von der Frage „Was möchte ich im Zeitraum X erreichen, und welche Etappen sind auf dem Weg zu diesem Ziel notwendig?" werden die einzelnen Schritte, Aufgaben und Teilaufgaben von rückwärts her in einem Zeitplanbuch in realistischen Zeitabschnitten geplant. Wichtig ist dabei das Setzen von Terminen, die Sie dann auch diszipliniert einhalten, soweit Sie darüber selbst bestimmen können.

Die Zeitplanbuch-Methode ist gut geeignet, wenn es um die **persönliche Lebensplanung**, etwa um den Abschluss eines Studiums oder das Erreichen einer bestimmten Position geht. Mit ihr kann man sozusagen den groben Rahmen für das persönliche Zeitmanagement setzen. Für den täglichen Wust an Aufgaben und die Vermeidung von beruflichem Stress müssen Sie jedoch flexibel bleiben, deshalb planen Sie lieber nicht zu viel. Sie sind Teil eines Unternehmens und müssen sich damit abfinden, dass Sie weitgehend fremdbestimmt werden. Sie werden recht schnell die Erfahrung machen, dass Sie nicht alle Erwartungen und Aufgaben erfüllen können, die an Sie gerichtet werden. Arbeiten lassen sich nicht immer in der vorgesehenen Zeit erledigen. Das gilt vor allem, wenn Sie im Team mit anderen arbeiten. Ständig schiebt sich Unvorhergesehenes dazwischen. Ein Privatleben muss es aber auch noch geben. Sie müssen lernen, **eigene Prioritäten** zu setzen.

> **TIPP** Nutzen Sie das Kieselprinzip: Stellen Sie sich vor, Sie füllen im Garten einen Eimer mit verschiedenen Steinen, Sand und Wasser: Setzen Sie erst die wichtigsten Termine und Aufgaben – die größten Steine – in den Eimer bzw. Kalender, sonst passen sie am Ende vor lauter Geröll nicht mehr hinein.

Das Pareto-Prinzip: 80/20

Der italienische Volkswirtschaftler Vilfredo Pareto entwickelte den Grundsatz: „Mit 20 Prozent der Arbeit ernten wir 80 Prozent des Erfolgs. Die restlichen 20 Prozent der Aufgaben beanspruchen dagegen 80 Prozent unserer Zeit." Anhand dieser Maxime sollten Sie Ihr tägliches Arbeitspensum kritisch betrachten. Hand aufs Herz, vieles, was wir täglich tun, ist pure Zeitverschwendung und bringt uns keinen Schritt weiter zum angestrebten Ziel. Das Bedürfnis, die Fenster oder das Auto zu putzen, wenn man eigentlich dringend an der Abschlussarbeit weiterschreiben sollte, kennt wohl jeder ehemalige Student. Wenn es Ihnen gelingt, sich in sämtlichen Lebensbereichen auf die 20 Prozent zu konzentrieren, die Sie vorwärtsbringen, können Sie sehr viel Zeit und Kraft sparen und Ihre Effizienz enorm steigern.

Die Prozentzahlen 80/20 sind natürlich nur als Richtwert zu verstehen. Wichtig ist, dass Sie für sich persönlich die Tätigkeiten herausfiltern, die Ihren Erfolg ausmachen, um nicht unnötig Energie zu verschwenden. Überlegen Sie in einer ruhigen Stunde, welche Tätigkeiten zu den wichtigen 20 Prozent gehören. Stellen Sie die restlichen Termine auf den Prüfstand. Viele Routinen lassen sich verkürzen oder sind vielleicht ganz verzichtbar. Ein tägliches Verlaufsprotokoll kann helfen und Aufschluss über die Zeitkiller geben. Verschwenden Sie keine Zeit an Nebensächlichkeiten, dann bleiben Ihnen mehr Kraft und Mut, die wirklich wichtigen Aufgaben zügig anzupacken.

Die Eisenhower-Methode

Der US-Präsident und General Dwight D. Eisenhower hat eine ganz simple Methode entwickelt, Aufgaben vorzusortieren und dabei klare Prioritäten zu setzen. Dabei werden alle Aufgaben in vier Quadranten einer Tabelle einsortiert:

	Nicht dringend	Dringend
Wichtig	Aufgabe persönlich erledigen	Aufgabe sofort und persönlich erledigen
Nicht wichtig	Aufgabe nicht bearbeiten: liegen lassen oder Papierkorb	Aufgabe an kompetente Mitarbeiter delegieren

Natürlich ist diese Methode stark vereinfacht. Ein gutes Zeitmanagement sollte eigentlich verhindern, dass man wichtige Aufgaben liegen lässt, bis auch sie dringend werden. Andererseits kann es bei der Einstufung der nicht wichtigen und nicht dringenden Dinge auch zu Fehleinschätzungen kommen, und sei es nur, dass sich für Ihren Vorgesetzten die Wichtigkeit der Angelegenheit ganz anders darstellt.

Goldene Regeln

Gerade wenn man „den Wald vor lauter Bäumen nicht mehr sieht", sind einfache Methoden am praktikabelsten. Wie zum Beispiel diese:

- Beenden Sie eine Tätigkeit, bevor Sie die nächste anfangen. Fassen Sie gleichartige Tätigkeiten zusammen.

- Nehmen Sie jedes Papier nur einmal in die Hand und entscheiden Sie sofort, was damit zu geschehen hat. Das Gleiche gilt für E-Mails: Wichtiges am besten gleich beantworten – oder nach Dringlichkeit sortieren und abarbeiten.

- Setzen Sie Termine! Sie haben sicher schon die Erfahrung gemacht, dass Aufgaben fast immer genau so viel Zeit beanspruchen, wie Sie dafür einplanen. Nehmen Sie sich eine Woche Zeit, werden Sie auch erst nach einer Woche fertig. Hätten Sie nur drei Tage Zeit gehabt, hätten Sie es auch geschafft. Wenn Sie also nicht schon an Termine gebunden sind, setzen Sie sich die Zeitlimits selbst.

- Sie können sich ein Bonussystem für die Einhaltung Ihrer Zielvorgaben setzen. So schlagen Sie dem Hang zum Aufschieben ein Schnippchen.

- Reservieren Sie sich jeden Tag eine „Goldene Stunde", in der sämtliche Störungen ausgeschlossen sind: kein Telefon, keine E-Mails, kein Schwatz mit den Kollegen, keine Meetings, Handy aus. In dieser Stunde werden Sie viel effektiver arbeiten als den ganzen restlichen Tag über. Legen Sie die Stunde nach Möglichkeit in die Zeit, in der Störungen ohnehin selten sind und in der Sie fit und ausgeruht sind: zum Beispiel morgens früh, bevor die meisten anderen Kollegen eintreffen.

- Routinetätigkeiten erledigen Sie am besten, wenn Ihr Biorhythmus auf einem Tiefpunkt ist.
- Auch die Pflege sozialer Netzwerke entpuppt sich oft als wahrer Zeitkiller. Halten Sie sich während der Arbeitszeit grundsätzlich nur in beruflichen Netzwerken auf - und auch das nur soweit das mit den Regeln Ihres Arbeitgebers vereinbar ist. Facebook & Co. sind etwas für den Feierabend.

Bei allem Zeitdruck sollten im Berufsalltag die persönlichen Bedürfnisse nicht zu kurz kommen. Planen Sie morgens ausreichend Zeit für Ankleiden, Körperpflege und den Arbeitsweg, damit Sie nicht schon abgehetzt ankommen. Nutzen Sie die Pausenzeiten und nehmen Sie sich Zeit für das **Mittagessen**. Auch wenn Sie meinen, dazu reiche die Zeit nicht, nehmen Sie sich diese trotzdem. Denken Sie an die entgangenen Chancen zum Networking – Kantinen haben eine wichtige soziale Funktion im Unternehmen, die Sie nicht unterschätzen sollten.

Arbeit – Freizeit: Der Umgang mit Überstunden

Eine 40-Stunden-Woche wird sich für Sie nicht immer realisieren lassen. In den meisten Unternehmen wird die Bereitschaft, Überstunden zu leisten, vorausgesetzt. Sie sollten sie deshalb auch nicht kategorisch ablehnen oder ständig Ihr Missfallen zeigen. Das gilt vor allem, wenn gerade eilige (Kunden-)Aufträge erledigt werden müssen oder etwa ein Jahresabschluss zusammengestellt werden muss. In solchen Fällen sollten Sie selbstverständlich Ihr Engagement durch Mehrarbeit zeigen.

In vielen Fällen sind Überstunden jedoch völlig unnötig und gelten als Zeichen schlechten Zeitmanagements. Manchmal gibt es unter Kollegen einer Abteilung einen regelrechten Wettbewerb, wer die meisten Überstunden leistet. Auf so etwas sollten Sie sich nicht einlassen, wenn Sie nicht als Workaholic enden wollen. Sie brauchen Ihre Freizeit – auch, um für Ihre Arbeit am kommenden Tag fit zu sein.

Lassen Sie Überstunden nach Möglichkeit nur bei Spitzenbelastungen zu und versuchen Sie, das Überstundenkonto klein zu halten. Werden die Überstunden zum Dauerzustand, versuchen Sie Prozesse zu optimieren oder Aufgaben zu delegieren. Wenn Sie jeden Tag auch nur eine Stunde länger arbeiten, weil Ihnen die tägliche Arbeitszeit nicht ausreicht, haben Sie in weniger als zwei Monaten eine ganze Woche zusammen – die Sie nicht mehr „abfeiern" können, ohne den Betriebsablauf zu stören.

Besser ist es, ein Überstundenkonto immer wieder mit ein paar Stunden zwischendurch oder einem Tag Freizeit zu entlasten – das fällt Kollegen und Vorgesetzten sehr viel weniger negativ auf.

 ACHTUNG Überflüssige Überstunden sind entgangene Lebenszeit!

Auch die Pflege Ihres Büros und vor allem Ihres Schreibtisches sollten Sie nicht vernachlässigen. Nehmen Sie sich jeden Abend die Zeit, Ihren Schreibtisch aufzuräumen und Ihre Ablage zu pflegen. Das dauert nur ein paar Minuten, erleichtert den Einstieg in die Arbeit am nächsten Morgen aber ungemein und hinterlässt einen guten Eindruck. Denken Sie daran, dass jederzeit Dritte Ihren Schreibtisch belegen könnten – sei es im Vertretungsfall, wenn Sie krank werden oder Urlaub haben, sei es, dass Kollegen oder Vorgesetzte etwas suchen müssen.

Exkurs: Mobbing

Von Mobbing spricht man, wenn jemand am Arbeitsplatz fortgesetzt geärgert, herabgewürdigt und schikaniert wird. Oft beginnt die Schikane so subtil, dass der Betroffene hinterher gar nicht mehr sagen kann, wann es angefangen hat.

Typisch für Mobbing sind:

- Negative Handlungen, die gemeinhin als feindselig, aggressiv, destruktiv und unethisch gelten: Das können Beschimpfungen, das bewusste Vorenthalten von Informationen, aber auch physische Übergriffe sein.
- Mobbing bezeichnet ein Verhaltensmuster, keine einzelne Handlung. Die Aktionen gehen von einer oder mehreren Personen aus, sie sind zielgerichtet und systematisch angelegt, wiederholen und steigern sich.
- Meist ist das Opfer den Mobbern unterlegen – entweder hierarchisch oder sozial – und kann sich deshalb nicht effektiv wehren.

Die Folgen von Mobbing sind für die Opfer meist desaströs. Es kommt fast immer zu seelischen und körperlichen Folgeerkrankungen. Mobbing muss von Kollegen und Vorgesetzten deshalb ernst genommen werden. Als Kollege sollten Sie sich selbstverständlich an Mobbing-Aktivitäten nicht beteiligen, sondern sich klar distanzieren und die Vorgesetzten informieren. Werden Sie selbst gemobbt, holen Sie sich unbedingt Hilfe von außen, bevor die Situation eskaliert. Sobald der Arbeitgeber von Mobbing erfährt, ist er verpflichtet, seiner Fürsorgepflicht nachzukommen und eine wirksame Maßnahme – Mitarbeitergespräch, Weisungsrecht, Abmahnung, Kündigung, Versetzung – dagegen zu ergreifen.

Werden alle Angestellten vom Chef gleich schlecht behandelt, handelt es sich nicht um Mobbing, sondern um **Bullying**. Das ist auch sehr unangenehm, aber zumindest haben Sie Leidensgenossen und können – und sollten – sich solidarisieren.

Spannungsgeladene Situationen am Arbeitsplatz, ein Streit zwischen Kollegen, scharfes Konkurrenzdenken, gegenseitiges Überbieten im Leistungswettstreit oder auch gerechtfertigte disziplinarische Hinweise des Vorgesetzten sind aber kein Mobbing. Spannungen und Konflikte dieser Art gehören zum normalen (Berufs)Alltag.

1.2.2 Projektmanagement

Der Begriff „Projekt" ist ein Modewort und wird gern für alle möglichen Arbeiten angewendet. Ein „echtes" Projekt zeichnet sich durch vier Eigenschaften aus:

- Etwas Neues wird entwickelt oder eingeführt.
- Das Ziel des Projekts ist klar umrissen.
- Das Projekt ist zeitlich begrenzt.
- Das Projekt lebt von interdisziplinärer Zusammenarbeit, die Beteiligten kommen aus verschiedenen Bereichen des Unternehmens.

Eine Aufgabe als Projekt anzugehen hat verschiedene Vorteile. Projektarbeit konzentriert die Aufmerksamkeit auf ein bestimmtes Ziel. Die Arbeit quer durch die normalen Strukturen des Unternehmens führt verschiedene Perspektiven und unterschiedliches Know-how innerhalb des Unternehmens zusammen. Die Arbeit in der Gruppe motiviert durch Zielorientierung und schafft **Synergieeffekte**.

Als Berufsanfänger werden Sie sehr wahrscheinlich zunächst keine leitenden Funktionen innerhalb eines Projekts einnehmen. Die wichtigste Voraussetzung, die Sie als Mitglied eines Projektteams mitbringen müssen, ist Teamfähigkeit. Nehmen Sie eine positive Einstellung zum Ziel des Projekts und auch zu den Teilnehmern ein. Stellen Sie nicht sich selbst, sondern die Gruppe in den Vordergrund. Wenn Sie aktiv mitplanen, Aufgaben übernehmen und sich einbringen, kommt das allen zu Gute. Besonders wichtig: Halten Sie Ihre Termine ein!

Aufgaben eines Projektleiters

Manchmal werden Neuankömmlinge als Projektmanager eingesetzt oder gar mit der Leitung eines Projekts betraut, meist, wenn sonst niemand zur Verfügung steht, der die Zeit dafür aufbringen kann. Es kann aber auch sein, dass man Sie testen will – dann sollten Sie sich besonders viel Mühe geben, denn ein Projekt fordert Projektmanager und Projektleiter auf allen Ebenen. Insbesondere neue Mitarbeiter stehen in dieser Rolle vor dem oft schwierigen Problem, die Kooperation der erfahreneren Mitarbeiter zu gewinnen und sich notfalls gegen sie und die bestehenden sozialen „Seilschaften" durchsetzen zu müssen.

Ein Projektleiter muss eine ganze Reihe unterschiedlicher Einzelaufgaben koordinieren:

- Planung und Koordination von Ressourcen, Budget und Zeitrahmen
- Diagnose der Ausgangssituation
- Sammeln und Strukturieren vorhandener Informationen
- Beschreibung und Kommunikation des Projektziels
- Organisation der übergreifenden Zusammenarbeit von Teilnehmern aus den verschiedenen Bereichen
- Verteilung der Aufgaben an die Mitglieder
- Vorgabe und Überwachung von Terminen/Milestones
- Gestaltung von Problemlösungsprozessen
- Konfliktmanagement

Voraussetzungen für ein erfolgreiches Projekt sind ein erreichbares, klar umrissenes Ziel und eine harmonische Zusammenarbeit in der Gruppe. Gerade wenn Sie sich in einer Testsituation befinden und Sie ein Projekt durchziehen müssen, das nicht wirklich wichtig ist, müssen Sie mit Konflikten rechnen, wenn die Teilnehmer sehr unterschiedliche Interessen und Qualifikationen haben. Probleme gibt es auch, wenn die Teilnehmer das Arbeiten in stark hierarchischen Strukturen gewohnt sind und Sie als neuen Mitarbeiter nicht als Projektleiter akzeptieren.

> **TIPP**

- Teilen Sie das Projekt in übersichtliche Teilprojekte auf.
- Legen Sie Meilensteine fest und halten Sie Ihre Etappenziele ein.
- Sorgen Sie dafür, dass alle Teilnehmer klare Aufgaben haben und ihre Termine dafür einhalten.
- Versuchen Sie die Projektteilnehmer als Gruppe zusammenzuschweißen.

1.2.3 Präsentationen erstellen

Klappern gehört zum Handwerk. Wer sich und die Ergebnisse seiner Arbeit nicht vor Kollegen, Vorgesetzten, Kunden oder einem Fachpublikum präsentieren kann, wird schwer Karriere in einem modernen Unternehmen machen. Die Grundregeln der Präsentation sind prinzipiell immer dieselben – auch wenn die Bedürfnisse der Zuhörer ganz unterschiedlich sein können.

CHECKLISTE

Drei Fragen sollten Sie sich vor jedem Vortrag beantworten:

- Wer sind Ihre Zuhörer?
- Was haben Sie diesen Personen zu sagen?
- Welches Ziel wollen Sie mit Ihrem Vortrag erreichen?

Eine Präsentation steht und fällt mit dem Interesse des Publikums. Natürlich sind Ihre Fachkompetenz und Ihre Argumente wichtig. Wenn es Ihnen aber nicht gelingt, das Interesse Ihrer Zuhörer zu wecken, wird der Vortrag trotz guter Sachinhalte sein Ziel nicht erreichen. Wenn Sie eine Präsentation vorbereiten, sollten Sie deshalb stets vor Augen haben, wer vor Ihnen sitzt, aus welchem Grund diese Person dort sitzt und was sie hören möchte – oder zumindest wissen sollte – auch, wenn es ihr vielleicht nicht besonders gefällt.

Daraus leitet sich ab, was Sie diesem speziellen Publikum zu sagen haben. Schätzen Sie die Vorkenntnisse der Zuhörer ein – langweilen Sie nicht mit Erklärungen von Fakten oder Details, die selbstverständlich bekannt sind. Setzen Sie aber auch nicht zu viel voraus.

Bereiten Sie Ihre Präsentationen stets gut vor. Haben Sie wirklich an alle relevanten Daten und Fakten gedacht? Die ansprechende Gestaltung von Präsentationen ist wichtig, kann aber weder Fachkompetenz noch eine klare Argumentationskette ersetzen.

Arbeiten Sie mit einem einfachen **Grundgerüst**:

- Ein interessanter, kurzer **Einstieg**: Suchen Sie einen Aufmacher, das kann eine Anekdote oder eine Schlagzeile aus der Presse sein – etwas, dass das Interesse der Zuhörer weckt und den Humor anspricht – ein Lachen am Beginn ist immer gut. Doch Vorsicht!

Werden Sie dabei nicht albern. So ein Einstieg muss unbedingt zum Thema und zur Zuhörerschaft passen. Wenn Ihnen nichts Geeignetes einfällt, steigen Sie besser gleich in die Inhalte ein.

- Ein informativer **Hauptteil**: Halten Sie sich an die Devise „in der Kürze liegt die Würze": Stellen Sie die wichtigsten Aspekte zusammen, haben Sie ruhig Mut zur Lücke. Denken Sie daran, dass die Aufmerksamkeit der Hörer selten länger als 20 Minuten anhält.

- Ein prägnanter, klar formulierter **Schluss**: Bringen Sie Ihre Kernaussagen auf den Punkt und zeigen Sie nach Möglichkeiten einen eindeutigen Lösungsweg auf.

Bereiten Sie sich auch auf mögliche **Fragen aus dem Publikum** vor.

Auch das mündliche Vortragen will gelernt sein. Als Anfänger trainieren Sie den mündlichen Vortrag so lange, bis Sie ihn frei sprechen können. Damit andere Ihnen gerne zuhören, sollten Sie bewusst auf Ihre eigene **Sprechweise** achten.

- Zu schnelles Reden vermittelt Unruhe.
- Zu langsames Reden macht ungeduldig.
- Zu lautes Reden wirkt unnötig aggressiv.
- Zu leises Reden wird schlecht verstanden.
- Fehlende Modulation wirkt eintönig und sorgt für Langeweile.

Wenn Sie unsicher sind, üben Sie Ihre Präsentation vor einem kritischen Publikum aus Ihrem privaten Umfeld. Sie können Ihren Vortrag zu Übungszwecken auch als Video aufnehmen.

Visualisierung

Botschaften, die das menschliche Gehirn als Bild oder mit Bildern kombiniert abspeichert, bleiben länger haften. Von politischen Reden einmal abgesehen, erwartet fast jedes Publikum heute eine visuelle Begleitung bei einem Vortrag. Die Art der Visualisierung muss dem Anlass angemessen sein. Bei der Wahl des Mediums sollten Sie sich den Gepflogenheiten Ihres Unternehmens anpassen.

Bei einem Kurzvortrag vor Kollegen und Vorgesetzten reicht vielleicht ein **Flipchart**. Es eignet sich besonders gut für die nachvollziehbare Entwicklung von Ideen und auch für spontane Präsentationen.

Bei Standard-Kundengesprächen reicht auch schon mal ein aussagefähiger **Flyer**. Ansonsten haben sich fast überall Präsentationsprogramme wie **Powerpoint-Charts** mit Beamer und Laptop durchgesetzt.

Wenn Sie mit einem (fremden) Laptop und Beamer präsentieren, bereiten Sie sich akribisch darauf vor. Nehmen Sie für alle Fälle eine Sicherungskopie Ihrer Präsentation, gegebenenfalls auch die eingebundenen Sonderfonts, auf einer CD oder einem USB-Stick in den Vortragsraum mit. Sie müssen nicht nur das Programm, das Sie verwenden, gut beherrschen, auch die verfügbare Hardware sollte Ihnen möglichst vertraut sein. Ist alles richtig angeschlossen und installiert? Schließen Sie technische Pannen nach Möglichkeit aus.

CHECKLISTE

- Achten Sie darauf, dass jede einzelne Seite inhaltlich gut strukturiert und gestaltet ist.
- Grafiken müssen übersichtlich sein.
- Verzichten Sie auf zu viele Animationen, zu viele Farben und zu viele Spielereien in der grafischen Darstellung.
- Wählen Sie die Schriftgröße so, dass auch in der hintersten Reihe noch alles lesbar ist.
- Gehen Sie sparsam mit den Schriftarten und Formatierungen um, das erleichtert die Lesbarkeit. Achten Sie insbesondere darauf, dass die von Ihnen verwendeten Schriften auch auf dem Präsentations-PC vorhanden sind!

Zu einer guten Präsentation gehört schließlich auch ein **Handout**, das entweder die gezeigten Charts und/oder eine Zusammenfassung sowie vertiefende Informationen enthält.

1.2.4 Networking

Netzwerke können ein wichtiges Karrieretool sein, vorausgesetzt, Sie haben die richtigen Kontakte geknüpft und über die Jahre gut gepflegt.

Netzwerkkontakte dürfen Sie **nicht mit Freundschaften verwechseln**, auch wenn es vielleicht Schnittmengen gibt und die Übergänge fließend sind. Netzwerke sind zunächst vielmehr lockere Bekanntschaften, wobei auf beiden Seiten die Nützlichkeit der Beziehung wichtiger ist als gegenseitige Sympathie und persönliche Nähe. Deshalb dürfen Sie getrost Ihre Neztwerkkontakte vor die harte Prüfung stellen:

Wer kann mir bei der Karriere helfen?

- **In der Abteilung**: Als Neuling im Unternehmen sollten Sie daran arbeiten, zunächst gute Beziehungen im Kollegenkreis der eigenen Abteilung aufzubauen – gehen Sie gemeinsam Essen, treffen Sie sich auch mal privat – zu eng oder zu häufig sollten Sie den Kontakt aber nicht werden lassen.
- **Im Unternehmen**: Pflegen Sie Bekanntschaften mit Kollegen aus anderen wichtigen Abteilungen – etwa der Personal- oder Rechtsabteilung.
- **In der Branche**: Denken Sie auch daran, Kontakte außerhalb des Unternehmens aufzubauen. Das können Vertreter von Fach- oder Lobbyverbänden sein, aber auch Kollegen von konkurrierenden Unternehmen. Gerade diese Kontakte können später sehr nützlich sein, wenn Sie vielleicht das Unternehmen wechseln wollen. Sie sollten dabei diskret vorgehen und diese Kontakte nicht gerade vom Arbeitsplatz aus pflegen. Beschränken Sie sich beim Austausch mit Kollegen aus anderen Unternehmen auf allgemeine Branchenthemen. Plaudern Sie keinesfalls Interna aus und reden Sie nicht schlecht über Ihren derzeitigen Arbeitgeber.

1.2.5 Kleiner Business-Knigge

„Das Auftreten, der Habitus und eine natürliche Souveränität sind für die Karriere wichtiger als alle Zeugnisse." (Studie der Universität Darmstadt)

Egal, ob Sie sich auf Verhandlungen mit Partnern vorbereiten, ein Kollegengespräch vereinbaren oder eine neue Arbeitsstelle suchen: Im Berufsleben werden korrekte Umgangsformen, angemessenes Auftreten und ein gepflegtes Erscheinungsbild erwartet. Nur wer es versteht, Begegnungen mit Wertschätzung, emotionaler Intelligenz, Respekt und Fingerspitzengefühl zu steuern, wird langfristig Erfolg haben.

Richtiger Umgang mit den Benimmregeln ist nicht mehr nur eine Frage der Form, sondern vor allem **Charaktersache**. Es geht dabei hauptsächlich um Rücksichtnahme und Respekt. Menschen, die Benimmregeln auswendig lernen und nur als Aufstiegschance sehen, werden sehr schnell durchschaut.

Die Begrüßung

Wer sich selbst vorstellt, nennt seinen Vor- und Nachnamen.

ACHTUNG Man nennt sich nicht selbst „Herr" oder „Frau". Und wer sich selbst mit seinem akademischen Titel vorstellt, begeht einen groben Fauxpas!

Wenn Sie möchten, dass Ihr Gegenüber schnellstmöglich Ihren akademischen Titel erfährt, sollten Sie stets Visitenkarten mitführen und diese nach der Vorstellung überreichen.

Über die Reihenfolge bei der Vorstellung entscheidet im Geschäftsleben die Hierarchie: Der neue Mitarbeiter wird dem Chef vorgestellt, nicht umgekehrt. Es folgt auch immer eine Rückvorstellung: „Herr Dr. Müller, ich möchte Ihnen Frau Schmidt, unsere neue Abteilungsleiterin, vorstellen. Frau Schmidt, das ist Herr Dr. Müller, der Leiter der Revisionsabteilung." Erst jetzt reichen die Vorgestellten einander die Hand, wobei der Chef der neuen Mitarbeiterin zuerst die Hand reicht, nicht umgekehrt! Im Geschäftsleben reicht immer der Ranghöhere zuerst die Hand. Im gesellschaftlichen oder privaten Umfeld reicht die Dame dem Herrn zuerst die Hand, der Ältere dem Jüngeren. Wenn Sie eine Person in einer Gruppe per Handschlag begrüßen, müssen Sie alle Anwesenden ebenso begrüßen.

> **TIPP** Der Höhergestellte erhält bei der Vorstellung als Erster die Information über die unbekannte Person! Er reicht auch als Erster die Hand.

Das Händereichen ist im deutschsprachigen Raum die übliche Begrüßung. Der Händedruck vermittelt eine Fülle von Informationen. Energisch und kräftig sollte er sein, jedoch nicht schmerzhaft für den anderen ausfallen. Das Händeschütteln sollte auch nicht übertrieben dynamisch sein, auch sollte man die Hand des Gegenübers nicht ungebührlich lange festhalten.

Unerlässlich ist auch das Respektieren der persönlichen Distanzzone. Diese beträgt in unserer Kultur etwa eine Unterarmlänge bzw. einen halben Meter. Positive Mimik und insbesondere Blickkontakt sind ebenfalls unabdingbar. Ein freundliches „Ich freue mich" oder ein Nicken kombiniert mit einem freundlichen Lächeln als Reaktion auf die Begrüßung schaffen die Basis für eine angenehme Atmosphäre.

Adelstitel

Die Anrede mit dem richtigen Titel bereitet in vielen Fällen Kopfzerbrechen, vor allem bei adeligen Personen. Da wir die Mitmenschen heute nach ihren eigenen Leistungen und nicht mehr nach ihren Vorfahren beurteilen, haben Adelstitel in unserer modernen Gesellschaft eher historischen Wert. Niemand kann heute noch aufgrund seiner Herkunft einen Sonderstatus beanspruchen.

Doch gebieten Höflichkeit und Takt, andere mit ihren korrekten Titeln anzusprechen. Das Adelsprädikat wird nach dem Vornamen genannt: „Otto Graf Lambsdorff". Im Alltag wird der Titelinhaber mit „Graf Lambsdorff" adressiert. Die Anrede „Herr Graf" ist dem Personal vorbehalten.

An Mitglieder eines regierenden oder ehemals regierenden Hauses wendet man sich mit „Königliche Hoheit", an Adelige aus nicht regierenden Häusern mit „Durchlaucht". Ein „Freiherr von Löwenstein" wird schlicht „Herr von Löwenstein" genannt.

Akademische Titel

Akademische Titel – der häufigste ist der Doktor-Titel – gehören zum Namen und werden bei der Anrede auch genannt. Fast alle Professoren besitzen einen Doktor-Titel. In der mündlichen Anrede wird die höhere Qualifikation betont, man sagt also „Herr Professor ..." . Die Schriftform lautet nach wie vor „Herr Professor Dr. ...". Akademische Titel werden stets mit dem Namen kombiniert. Ein „Herr Doktor" ohne Nennung des Namens ist ausschließlich der behandelnde Arzt.

Bei Politikern und hohen Beamten ersetzt jedoch die Funktion den Namen: Es heißt: „Frau Bundeskanzlerin", „Herr Staatssekretär" und „Herr Minister". Würdenträger wie Bischöfe oder Botschafter anderer Nationen werden mit „Exzellenz" angesprochen.

Small Talk und Networking

Der Small Talk gehört zu den elementarsten Kommunikationsformen und wurde früher schlichtweg „Plauderei" genannt. Bei manchen zu Unrecht als leeres Gerede verrufen, erfüllt der Small Talk wichtige Funktionen: Er schafft Verbindung, knüpft Kontakte zu Fremden, unterstützt Gespräche unter Bekannten und dient häufig als Vorbereitung für das eigentliche Gespräch. So wie Sportler vor einer Höchstleistung eine physische Aufwärmphase brauchen, um Verletzungen zu vermeiden, benötigen Gesprächspartner eine kommunikative Aufwärmphase. Small Talk überbrückt auch Situationen, in denen noch kein Kontakt besteht. Sicher haben Sie es selbst schon erlebt: Sie kommen zu einer Veranstaltung, bei der Sie niemanden kennen; es gibt auch niemanden, der Sie vorstellen könnte. 80 Prozent aller Menschen erleben diese Situation als äußerst unangenehm, übersehen dabei jedoch häufig die große Chance, neue Menschen kennenzulernen, Geschäftsbeziehungen aufzubauen und vielleicht sogar neue Freunde zu gewinnen. Doch mit geschicktem Small Talk können Sie die Situation bewältigen, indem Sie Kontakte knüpfen (und so auch gleich Ihr Selbstvertrauen stärken). Damit das auch gelingt, sollten Sie gewisse Themenkreise meiden – schließlich kennen Sie Ihr Gegenüber nicht näher und wissen nichts über seine Ansichten.

Tabu sind die kritischen Themen:	Geeignete Themen sind:
Politik	Sport und Hobbys
Religion und Kirche	Urlaub und Reisen
Krankheit und Tod	Beruf
Geld (in allen Varianten)	Kino, Theater, Kunst
Andere Anwesende	Mode, Trends
	Wetter

Der gelungene Gesprächseinstieg

Der Einstiegssatz sollte zu der Person passen, die ihn ausspricht. Ein locker-flockiger Satz, der bei einem entsprechenden Typ witzig-heiter rüberkommt, kann bei einer anderen Person krampfhaft aufgesetzt oder gar lächerlich wirken. Außerdem muss der Einstiegssatz zur Atmosphäre passen, in der Sie sich gerade bewegen.

CHECKLISTE

Kriterien für einen Small Talk-Einstieg:

- Wie schätze ich die Person ein, die ich ansprechen will (konservativ, modern, steif, locker, ernst, humorvoll)?
- Welche Ausdrucksweise passt zu mir (leger, traditionell, witzig, seriös, amüsant, flippig)?
- In welcher Situation bin ich (offiziell, informell, beruflich, privat)?
- Wie will ich wirken (ernst, nachdenklich, ungezwungen, seriös, mädchenhaft/jungenhaft)?

Körpersprache

Sinn und Zweck des gelungenen Einstiegs ist die Entwicklung eines möglichst angenehmen und fließenden Gesprächs. Dies funktioniert natürlich nur, wenn der Gesprächspartner mitspielt. Er muss also interessiert und aktiviert werden. Dies kann durch die Botschaften Ihrer Körpersprache unterstützt werden. Das nonverbale Signal sollte lauten:

„Es gibt im Moment nichts Wichtigeres als Ihre Person." Sie sollten Ihrer Körpersprache und der Ihres Gegenübers also volle Aufmerksamkeit schenken. Negative Gesten haben keinen Platz im Small Talk. Achten Sie also auf Ihre Haltung, sowohl im Stehen, Gehen und im Sitzen. Halten Sie den nötigen persönlichen Abstand von etwa einem halben Meter ein. Halten Sie Blickkontakt! Häufiger Blickkontakt signalisiert Offenheit und Aufmerksamkeit. Unterstreichen Sie Gesagtes durch lebendige Gestik und Mimik, denn so können Sie fesseln und überzeugen. Beschäftigen Sie sich mit dem Thema Körpersprache ruhig etwas intensiver: Wenn Sie selbst die Signale anderer richtig deuten können, vermeiden Sie Missverständnisse.

Ihr persönliches Erscheinungsbild

„Die Außenseite eines Menschen ist das Titelblatt seines Inneren" sagt ein persisches Sprichwort. Da viele Menschen diese Überzeugung teilen, ist ein gepflegtes Erscheinungsbild für den beruflichen und privaten Erfolg von ausschlaggebender Bedeutung.

Der erste Eindruck von einem anderen Menschen ist visueller Natur. In den ersten drei Minuten einer Begegnung besitzt man die stärkste Aufmerksamkeit des Gesprächspartners. Mimik, Gestik, Körpersprache und Kleidung drücken bereits aus, was anschließend gesagt werden soll.

Deshalb ist das Äußere nicht selten auch die Eintrittskarte in einen bestimmten Kreis. Ein nachlässiges Erscheinungsbild sorgt für ein schlechtes Image und torpediert die eigenen Bemühungen, gute Fähigkeiten ins rechte Licht zu rücken. Äußerlichkeiten drücken aus, wo eine Person steht und wie wichtig sie sich nimmt.

Grundregeln für Herren:

- Haare: gepflegter Haarschnitt
- Bart: typ- und formgerecht gestutzt
- Hände: saubere, gepflegte Fingernägel
- Brille: geputzte, saubere Gläser, Brillenform aktuell, zum Typ und zur Gesichtsform passend
- Uhr: weder „Blender" noch übertriebene Luxusuhr
- Schuhe: Businessschuhe sind geschnürt, geputzt, haben gerade Absätze
- Tasche: Aktentasche, abgestimmt auf Branche und Träger
- Accessoires: gutes Schreibgerät
- Hemd: tadelloser Kragen, passende Kragenweite, Kragenform zur Gesichtsform passend, oberster Knopf unter der Krawatte immer geschlossen
- Krawatte: bis zum Gürtel gebunden, dezente Muster, hochwertiges Material, Krawattenknoten zum Gesicht und Hemdkragen passend
- Anzug: Einreiher oder Zweireiher (je nach Körperform), beim Nadelstreifen sollten die Streifen an den Nähten zusammenpassen, gedeckte Farben
- Strümpfe: dunkle unifarbene, zur Hose oder zu den Schuhen passende Socken, immer Waden- oder Kniestrümpfe zum dunklen Businessanzug, zum Smoking aus Seide

Grundregeln für Damen:

- Haare: modischer Schnitt möglichst ohne Extravaganzen, lange Haare gegebenenfalls zusammenbinden
- Make-up: Grundierung, dezenter Lidschatten, Wimperntusche, gegebenenfalls Augenbrauenpuder, Rouge, dezenter Lippenstift oder Lipgloss
- Hände: gepflegte Nägel, dezent lackiert
- Brille: geputzte, saubere Gläser, Brillenform aktuell, zum Typ und zur Gesichtsform passend
- Schmuck/Accessoires: Seidentuch, Ring, Uhr, Kette; je nach Styling: dezent, hochwertig, aber niemals aufdringlich
- Tasche: auf die Schuhe und auf die Proportionen der Trägerin abgestimmt (größere Taschen für große Frauen, kleinere Taschen für kleine Frauen) zum Styling passend
- Schuhe: klassische Pumps oder Slingbacks, mittlerer bis hoher Absatz, zur Hose auch flache Loafer oder Ballerinas
- Bluse/T-Shirt: hochwertige Qualität, nicht zu tief ausgeschnitten, immer die Schultern bedeckend
- Kostüm: Rocklänge etwa bis zum Knie, gedeckte Farben
- Anzug: modische bis klassische Stilrichtung, Jackenlänge muss zu den Proportionen passen
- Strümpfe/Strumpfhosen: sind stets (auch bei 30° C) zum Kostüm zu tragen – und zwar ohne Muster!

Kalkulieren Sie die möglichen Folgen Ihres Erscheinungsbildes ein: Die meisten Mitmenschen empfinden falsche Kleidung als Missachtung ihrer Person oder als Abwertung des jeweiligen Anlasses. Das kann brüskieren, verletzen, verärgern, beleidigen und im Beruf durchaus Karriere hemmend sein. Darum machen Sie sich in Bezug auf Ihr Äußeres immer klar:

- Was möchte ich mit meinem Erscheinungsbild erreichen?
- Was sollen die anderen von mir denken?

Tischmanieren

Überall auf der Welt richtet sich das Verhalten gern gesehener Gäste nach dem Stil des Restaurants, das sie besuchen. Es wäre also geradezu ein Regelverstoß, sich in seiner Eckkneipe oder der Steh-Pizzeria streng an die Business-Etikette zu halten. In den Restaurants der gehobenen Gastronomie und Hotellerie ist die Etikette jedoch unverzichtbar.

Sind Sie als Paar unterwegs, so hält der Herr der Dame die Tür auf, anschließend bleibt sie einen kleinen Augenblick stehen, damit er wieder vorgehen kann. In vielen Ländern bleibt ein höflicher Gast am Restauranteingang stehen und wartet, bis der Kellner ihm einen Platz zuweist. Dies ist auch hierzulande in Häusern der höheren Kategorie üblich.

Vor Betreten des Restaurants schließt der Herr das Jackett, weil man ein Lokal nie mit offenem Jackett betreten darf. Auch dürfen die Hände nicht in den Hosentaschen stecken.

Unleugbar legen insbesondere die Personen auf die Tischmanieren anderer Wert, die von klein auf dafür sensibilisiert wurden. Und genau diese Personengruppe bildet in unserem Land – vor allem aber im übrigen Europa – auch heute noch die maßgebende Führungsschicht. Doch so schwer ist gutes Benehmen eigentlich nicht. Alles, was mit Tischmanieren und Nahrungsaufnahme zu tun hat, lässt sich im Prinzip unter gerade mal zwei Grundaspekten zusammenfassen: ästhetischer Anblick und Geräuschlosigkeit.

- Sitzen Sie stets aufrecht. Der Abstand zum Tisch soll ungefähr einer Handbreite entsprechen.
- Bewegen Sie die Arme während des Essens stets parallel zum Körper – und dies so eng wie möglich.
- Die Speisen werden mit Hilfe des Bestecks zum Mund geführt. Der Kopf bewegt sich allenfalls minimal dem Bissen entgegen.

Die alten Faustregeln „weißer Wein zu weißem Fleisch" und „roter Wein zu rotem Fleisch" sind heute nicht mehr durchgängig gültig. In der gehobenen Gastronomie kümmert sich ein Sommelier um die Weine. Er hat in der Regel eine langjährige Spezialausbildung genossen; man erkennt ihn an seinen typischen Accessoires: Meist trägt er einen silbernen, stiellosen Probierlöffel an einer dicken Silberkette oder eine Weintraube als Anstecknadel am Revers. Man ist also bei einer solchen Beratung in allerbesten Händen.

Wer die Bestellung aufgegeben hat, erhält auch den Probierschluck. Beim Probieren geht es hauptsächlich um zwei Aspekte:

- „Korkt" der Wein? Hat der Korken einen muffigen Geschmack an den Wein abgegeben?
- Hat der Wein die richtige Temperatur?

Bei der **Handhabung des Gedecks** gibt es einiges zu beachten. So ist die Serviette beispielsweise ein traditioneller Kulturgegenstand. Zwar hat sie im Laufe ihrer langen Geschichte ihre Funktion als nützlicher Schutz gegen Flecken auf der Kleidung fast völlig eingebüßt. Weil die Handhabung der Serviette jedoch einen hohen symbolischen Wert besitzt, ist der selbstverständliche Griff zur Serviette von großer Bedeutung. Lässt man die Serviette unbenutzt liegen, wird dies womöglich als Zeichen gewertet, dass der Betreffende den Umgang mit Servietten nicht gewohnt ist.

Zu allen Gerichten, die nur mit Hilfe der Finger verzehrt werden können, wird eine Fingerschale gereicht: eine kleine Schale mit warmem Wasser und einer Zitronenscheibe darin. Die Fingerschale wird rechts oberhalb des Gedecks platziert. Die Fingerspitzen werden hineingetaucht und anschließend mit einer zweiten (!) Serviette getrocknet. Alle Speisen, zu denen keine Fingerschale gereicht wird, müssen mit dem Besteck gegessen werden!

Die einzige Ausnahme bildet das Brot, das zu jedem Menü gereicht wird. Es darf nie geschnitten, stullenartig bestrichen und dann davon abgebissen werden. Man bricht das Brot per Hand in je ein mundgerechtes Stückchen, das dann sofort verzehrt wird.

Zum richtigen Umgang mit dem Gedeck:

- Die Serviette liegt einmal gefaltet auf dem Schoß; mit der Öffnung zum Körper hin.
- Die Anordnung des Bestecks entspricht der vorgesehenen Speisefolge. Man benutzt die einzelnen Besteckteile in der Reihenfolge von außen nach innen.
- Das Besteck wird möglichst geräuschlos gehandhabt.
- Den Löffel führt man mit der Spitze nach vorn zum Mund.
- Offenes Besteck (Messer und Gabel liegen gekreuzt) bedeutet: „Bitte nachlegen" bzw. „Ich bin noch nicht fertig".
- Will man benutztes Besteck kurzzeitig ablegen, legt man es an den Rand des eigenen Tellers, sodass es den Tisch nicht berührt.
- Geschlossenes Besteck (Messer und Gabel liegen parallel) bedeutet: „Ich bin fertig".
- Der kleine Brotteller steht links neben dem Mittelteller bzw. Platzteller; hierzulande wird er meist nach den Vorspeisen abgeräumt.
- Brot tunkt man niemals in die Suppe.
- Klare Suppen werden meist in Tassen mit zwei Henkeln serviert. Diese darf man, nachdem die festen Einlagen gegessen sind, mit der rechten Hand angehoben, auch in kleinen Schlucken austrinken. Gebundene Suppen werden in Tellern serviert. Falls Sie den Teller kippen möchten, bitte immer nur von Ihnen weg.
- Speisen, die man mit der Gabel abtrennen kann, schneidet man nicht mit dem Messer (Salat, Pastete, Soufflée).
- Grundsätzlich wird Salat nur mit der Gabel gegessen. Sind die Salatblätter jedoch nicht mundgerecht zerteilt, falten Sie diese mit Hilfe des Messers so, dass ein „Päckchen" entsteht. Dann wechseln Sie die Gabel in die rechte Hand und essen so den Salat.
- Der Platzteller ist zur Dekoration und als „Platzhalter" gedacht. Falls ein Gast einen Gang auslassen möchte, sitzt er nicht vor einem leeren Tischtuch.
- Bei korrektem Service werden alle Teller von rechts gereicht und auch von rechts abgedeckt: Von rechts werden auch die Gläser eingeschenkt.
- Von links wird nachgelegt oder werden die Platten angereicht, von denen man selbst etwas nehmen soll.
- Die Gläser sind so angeordnet, dass sie von rechts nach links gebraucht werden können. Das Glas für das Getränk des Hauptgerichts steht dabei oberhalb des Mitteltellers.
- Langstielige Gläser werden grundsätzlich am Stiel angefasst.

1.2.6 Zu guter Letzt: das Telefonat als Visitenkarte

Telefonieren im Büro

Es gibt keine zweite Chance für einen ersten Eindruck – das gilt ebenso für die Kommunikation per Telefon. Auch hier repräsentieren Sie gleich einer Visitenkarte sowohl Ihre eigene Person als auch Ihr Unternehmen. Denken Sie daran: Am Telefon sind Sie und Ihr Gesprächspartner auf Sprache und Stimme angewiesen; Gestik, Mimik, Körpersprache und andere nonverbale Signale werden nicht wahrgenommen. Daher können ein unbedachtes Wort oder ein gereizter Ton leicht ungewollte Wirkung entfalten und entsprechende Reaktionen hervorrufen. Wenn Sie einen Anruf entgegennehmen, sollten Sie daher ganz bewusst freundlich und hilfsbereit auftreten. Auch im anschließenden Gespräch sollten Sie noch bewusster auf Ihre Wortwahl achten als in einem direkten Dialog. Dass die Worte „Danke" und „Bitte" gerade in Telefongesprächen vorkommen sollten, bedarf wohl keiner weiteren Erläuterung.

Grundsätzlich ist bei persönlicher Abwesenheit ein Anrufbeantworter vorteilhaft, weil der Anrufer sein Anliegen vorbringen kann und nicht gezwungen ist, es stets aufs Neue bei Ihnen zu versuchen. Dies kann bei Nichterfolg zu heftiger Verärgerung führen und dem Anrufer das Gefühl geben, weder Sie noch Ihr Unternehmen seien zuverlässig oder auch nur ein wenig am Kunden interessiert. Wenn Sie eine entsprechende Nachricht auf Ihrer Mailbox finden, rufen Sie schnellstmöglich zurück. Andere warten zu lassen gilt generell als schlechter Stil.

Wenn Sie angerufen werden, melden Sie sich mit Ihrem Namen und bei Anrufen von außen auch mit dem Namen des Unternehmens. Fragen Sie den Anrufer nach seinem Anliegen. Wenn Sie es nicht erfüllen können, erklären Sie freundlich, warum das so ist und was der Anrufer tun kann, um das Gewünschte zu erhalten. Auch wenn Sie für sein Anliegen nicht zuständig sind, vermitteln Sie ihm Hilfsbereitschaft und Präsenz. Wenn Sie den Anrufer weiterverbinden müssen, tun Sie dies nicht kommentarlos, sondern nennen Sie ihm den Namen und die Durchwahl des betreffenden Kollegen und bieten Sie freundlich an, ihn dorthin durchzustellen.

Wenn Sie selbst anrufen, nennen Sie Ihren Namen und den Ihres Unternehmens und tragen dann Ihr Anliegen vor. Berücksichtigen Sie dabei die Tatsache, dass Sie den Gesprächspartner sehr wahrscheinlich aus einer anderen Beschäftigung herausreißen und er gedanklich umschalten muss. Sprechen Sie daher deutlich und nicht zu schnell.

Grundregeln fürs Handy

Und hier noch ein paar grundlegende Hinweise zum Umgang mit dem Mobiltelefon. Ob Sie es lieber ein- oder ausgeschaltet mit sich tragen, ist ganz allein Ihre Entscheidung. Sie sollten jedoch unbedingt darauf achten, dass

- weder der Signalton noch das Telefonat andere stören – zum Beispiel bei Gesprächsterminen, einem (Geschäfts-)Essen, bei Schulungen, Meetings oder gesellschaftlichen Anlässen wie Theater/Kino/Konzert/Kirche. Wenn Sie stets erreichbar sein wollen, stellen Sie das Signal entsprechend leise oder lautlos – und nutzen Sie die Mobilbox. Sie können das Handy in bestimmten Zeitabständen checken und bei Bedarf sofort zurückrufen.
- Dritte nicht mithören müssen. Gehen Sie entweder in einen anderen Raum, ins Freie, in den Flur oder ins Foyer. Wenn Sie sich in der Ruhezone eines ICE befinden, treten Sie aus dem Abteil auf den Gang oder im Großraumwagen in den Vorraum.

ACHTUNG Es bedeutet eine äußerst unfeine Belästigung, in Gegenwart unbeteiligter Menschen mithörbar zu telefonieren, weil man sie nötigt, das kulturbedingte Tabu zu verletzen, bei Gesprächen, die einen nichts angehen, zuzuhören.

Rosemarie Wrede-Grischkat, *Manieren und Karriere*

1.3 Weiterführende Literatur

Bonneau, Elisabeth: Großer Ess- und Tischknigge, Gräfe und Unzer Verlag, München 2010

Hanisch, Horst: Kanzlei-Knigge. *Taktvoll, sicher und gewandt im Umgang mit Partnern und Mandanten*, 2. Auflage, Springer Gabler, Wiesbaden 2012

Oppel, Kai: *Business-Knigge. Die besten Tipps für stilsicheres Auftreten. Beck, 2. Auflage 2009*

Quittschau, Anke/Tabernig, Christina: *Business-Knigge: Die 100 wichtigsten Benimmregeln*, Haufe Lexware, Freiburg 2012

Rippler, Stefan: *Trainee-Knigge*, Springer Gabler Verlag, Wiesbaden 2012

Uhl, Gerhard/Uhl-Vetter, Elke: *Business-Etikette in Europa*, 3. Auflage, Springer Gabler, Wiesbaden 2013

 Web-Link
www.career-tools.net

2

EXISTENZGRÜNDUNG

Die Gründung eines Unternehmens kann eine sinnvolle und lohnende Alternative zu einer abhängigen Beschäftigung sein. Gar nicht so selten machen sich bereits junge Leute während des Studiums nebenbei selbstständig, oft zusammen mit Kommilitonen. Der Vorteil dieser Selbstständigkeit kann darin bestehen, nach dem Studium in größerem Umfang starten zu können, weil wichtige Voraussetzungen für einen geschäftlichen Erfolg bereits vorhanden sind. Doch die Regel ist dies natürlich nicht. Die meisten Existenzgründer beginnen ihre berufliche Laufbahn in einem Unternehmen und sammeln dort wertvolle Erfahrungen in fachlicher und unternehmerischer Hinsicht. Früher oder später kann sich der Wunsch nach Selbstständigkeit ausprägen – im Folgenden seien einige Anregungen und Tipps zur Unternehmensgründung aufgezeigt.

2.1 Gründungstrends

Insgesamt kann der Weg in die Selbstständigkeit gegenwärtig holprig sein. Das jedenfalls stellte die Förderbank KfW in ihrem „Gründungsmonitor 2013" fest, in dem das Gründungsgeschehen des Jahres 2012 und dessen Ursachen beleuchtet werden. Demnach setzte sich der Rückgang der Gründungsaktivität fort: Im Jahr 2012 haben sich erneut weniger Menschen in Deutschland selbstständig gemacht (minus 7 Prozent gegenüber 2011). Mit 775.000 Gründern wurde der niedrigste Stand seit dem Start der Befragung im Jahr 2000 erreicht. Insbesondere die jüngsten Änderungen in der Existenzgründungsförderung durch die Bundesagentur für Arbeit (BA) war der Hauptgrund dafür. Auch im laufenden Jahr 2013 dürfte eine spürbare Belebung der Gründungsaktivität ausbleiben, stellen die Autoren des Monitors fest. Da Gründer ein wichtiger Faktor für den Beschäftigungsmarkt sind, ging durch den Rückgang der Gründerzahl der direkte Beschäftigungseffekt deutlich zurück: Von Neugründern wurden 2012 insgesamt 383.000 Vollzeitstellen geschaffen, was 14 Prozent weniger waren als 2011. Davon entfielen 212.000 Stellen für die Gründer im Vollerwerb selbst und 171.000 für angestellte Mitarbeiter.

Einen Lichtblick gibt es allerdings: 47 Prozent der Gründer im Jahr 2012 gegenüber 35 Prozent im Jahr davor gaben an, mit ihrem Gründungsprojekt eine explizite Geschäftsidee umzusetzen und damit bewusst eine Chance wahrzunehmen. „Chancengründungen versprechen auf Dauer nachhaltiger zu sein als andere Gründungen", sagt Dr. Zeuner, Chefvolkswirt der KfW Bankengruppe, anlässlich der Vorstellung der jährlichen, repräsentativen Analyse zum Gründergeschehen in Deutschland in Frankfurt am Main. Ein weiterer Trend betrifft Gründungen in Freien Berufen: Im Jahr 2012 ist der Anteil von Gründern in den **Freien Berufen** auf 39 Prozent gestiegen. 2011 waren es noch 36 Prozent. Vor allem im mittelfristigen Vergleich mit dem Jahr 2005 zeigt sich, dass sich hier tatsächlich der Schwerpunkt der Gründungen herauszubilden scheint. Während es damals lediglich 187.000 Starts in diesem Bereich gab, waren es 2012 schon 303.000. „Die bemerkenswerte Zunahme von Gründern mit beratenden und erzieherischen Tätigkeiten zeigt, wie das Angebot auf die veränderte Nachfrage einer Wissensökonomie reagiert", sagt Dr. Zeuner. Damit entwickeln sich die Freien Berufe gegen den Rückwärtstrend. Der ist unter anderem einer Reihe von **Hemmnissen** geschuldet. Die Mehrjahresanalyse zeigt, dass die Angst vor der Bürokratie, die Sorge um die Belastungen für die eigene Familie sowie das mit der Selbständigkeit verbundene finanzielle Risiko von mehr Vollerwerbsgründern als vor fünf Jahre problematisch gesehen werden. Dies geht einher mit einem höheren Anteil von Gründern, die über Finanzierungsschwierigkeiten berichten – im Voll- und im Nebenerwerb. Dabei gilt: Je höher der Finanzierungsbedarf ist, desto wahrscheinlicher werden Finanzierungsschwierigkeiten. Was das Einkommen von Gründern betrifft, liegt es durchschnittlich etwas höher als bei Arbeitnehmern, angesichts ihrer hohen Wochenstundenzahl von etwa 48 Stunden ist ihr rechnerischer Stundenlohn aber oftmals sehr niedrig. Die Selbstständigkeit zahlt sich dennoch für viele Gründer aus: Insgesamt hat sich für 42 Prozent der Gründer die Einkommenssituation ihres Haushaltsnettos verbessert. Nur 16 Prozent berichten von einer Verschlechterung.

2.2 Erste Schritte zur Orientierung

Wer den Gedanken an berufliche Selbstständigkeit ernsthaft erwägt, braucht zuallererst jede Menge **Informationen**. Die kann man sich im Internet etwa auf den Gründerseiten des Bundesministeriums für Wirtschaft und Technologie (BMWi) beschaffen, auf den Existenzgründerseiten der Länder wie des Hessischen Ministeriums für Wirtschaft, Verkehr und Landesentwicklung (www.existenzgruendung-hessen.de) oder des Bayerischen Staatsministeriums für Wirtschaft, Infrastruktur, Verkehr und Technologie (www.startup-in-bayern.de), bei der zuständigen Industrie- und Handelskammer oder auch auf den Seiten der KfW Mittelstandsbank.

 Web-Link

Nähere Informationen unter: www.existenzgruendung-hessen.de und www.startup-in-bayern.de.

Auch Berufsverbände, Kammern und ähnliche Interessenvereinigungen bieten häufig Online-Informationen. Dort bekommt man auch gedrucktes Informationsmaterial oder kann persönliche Beratungstermine vereinbaren – je nachdem, welcher Typ man ist. Neben so grundlegenden Informationen zu Themen wie

- Businessplan,
- Finanzierung und Förderung,
- Recht und Steuern

sind hier auch spezielle Brancheninformationen erhältlich oder Tipps zum Weg durch den Behörden- und Anmeldungs-Dschungel.

Formen der Unternehmensgründung

Es gibt mehr Wege in die Selbstständigkeit als so mancher glaubt. Der klassische ist die **Neugründung**. Bei einer Neugründung startet man bei null, es bietet sich aber auch die einmalige Chance, ein Unternehmen nach den eigenen Vorstellungen aufzubauen. Gründliche Vorbereitung, eine überzeugende Geschäftsidee, ein durchdachter Businessplan und nicht zuletzt der Wille zum Erfolg sind dafür die wichtigsten Voraussetzungen.

Viele Probleme und Risiken können vermieden werden, wenn man ein fertiges Konzept kauft. Das System heißt **Franchising** und wird heute in vielen Branchen praktiziert. Beim Franchise-Verfahren liefert ein Unternehmen – der Franchise-Geber – Name, Marke, Know-how und Marketing. Gegen Gebühr räumt er dem Franchise-Nehmer das Recht ein, seine Waren und Dienstleistungen zu verkaufen. Er bietet dafür die Gewähr, dass kein anderer Franchise-Nehmer in seinem Gebiet einen Betrieb eröffnet. Nachteil: Ein Franchise-System legt die unternehmerische „Marschroute" sehr genau fest.

Bei einer **Unternehmensnachfolge** wird ein bestehendes und funktionierendes Unternehmen übernommen und weitergeführt. Geschäftsidee, Kunden und Lieferanten sind vorhanden, das Unternehmen ist am Markt etabliert, die Mitarbeiter sind eingearbeitet. Vom ersten Tag der Übernahme an kann Umsatz gemacht werden. Nachteil: Die Erwartungen an den neuen Chef sind hoch, ein langsames Hineinwachsen meist nicht möglich.

Teamgründungen sind bei jungen Leuten besonders beliebt, weil hier die Kompetenzen mehrerer Leute zum Tragen kommen und das Risiko auf mehrere Schultern verteilt wird. Zu viele Partner erschweren allerdings Entscheidungsprozesse.

Eine gute Möglichkeit mit vermindertem Risiko zu starten sind **Teilzeit- und Kleinstgründungen**. Üblicherweise sind die Gründer angestellt und haben noch andere Einnahmequellen, so dass die Neugründung nicht als Haupterwerb gewertet wird. Der Nebenerwerb muss mit dem Arbeitgeber abgestimmt sein und darf sich weder zeitlich noch inhaltlich mit dem Haupterwerb überschneiden.

Bin ich ein Unternehmer-Typ?

Über diese Frage muss im Vorfeld sehr ernsthaft nachgedacht und am besten mit anderen Menschen diskutiert werden. Neben sehr gutem fachlichem Wissen ist eine Reihe von Eigenschaften hilfreich, ohne die es wahrscheinlich sehr schwer fällt den hohen Anforderungen gerecht zu werden. Am besten ist es einen der Unternehmer-Tests zu absolvieren, die online etwa beim BMWi unter www.existenzgruender.de absolviert werden können. Folgende Eigenschaften sind unabdingbar:

- Ehrgeiz
- Einsatzbereitschaft
- Risikobereitschaft
- Belastbarkeit
- berufliche Qualifikationen
- Kreativität
- berufliche Erfahrung
- Verantwortungsbewusstsein
- Führungserfahrung
- familiäre Unterstützung

Nach einer Untersuchung der KfW Bankengruppe stehen die folgenden „Pleite-Ursachen" fast alle direkt oder indirekt mit der Gründer-Person in Verbindung:

- Finanzierungsmängel
- Informationsdefizite
- fehlende kaufmännische Kenntnisse
- Planungsmängel
- Familienprobleme
- Überschätzung der Leistungsfähigkeit des Betriebes

Gewerbe, Handwerk oder Freier Beruf?

Freie Berufe sind alle diejenigen, die zur Ausübung keine Gewerbeanmeldung benötigen. Eine einheitliche Definition gibt es nicht. Üblicherweise zählen zu den freien Berufen (Quelle: IHK Berlin):

- Ärzte
- Zahnärzte
- Rechtsanwälte
- Notare
- Patentanwälte
- Vermessungsingenieure
- Ingenieure
- Architekten
- Handelschemiker
- Wirtschaftsprüfer
- Steuerberater
- beratende Volks- und Betriebswirte
- vereidigte Buchprüfer (vereidigte Bücherrevisoren)
- Steuerbevollmächtigte
- Heilpraktiker
- Dentisten
- Krankengymnasten
- Journalisten
- Bildberichterstatter
- Dolmetscher
- Übersetzer
- Lotsen
- und ähnliche Berufe.

Gut unterschieden werden muss auch zwischen **Gewerbe- und Handwerksbetrieb.** Zum einen benötigen viele Gewerke einen Meister, um sich in die Handwerksrolle eintragen zu können. Ingenieure erfüllen meistens auch die Voraussetzungen dafür. Existenzgründer sollten sich vor Aufnahme einer handwerklichen Tätigkeit zudem genau informieren, ob diese Tätigkeit zulassungspflichtig, zulassungsfrei, handwerksähnlich oder möglicherweise überhaupt kein Handwerk, sondern ein Gewerbe aus dem Bereich Industrie, Handel oder Dienstleistung ist. Denn danach bestimmt sich am Ende auch, ob eine Zugehörigkeit zur Handwerkskammer, zur Industrie- und Handelskammer oder aber in Einzelfällen zu beiden Kammern (sog. Mischbetrieb) vorliegt.

2.3 Die Planung der Selbstständigkeit

Der Businessplan

Der Businessplan ist das Kernstück der Vorbereitung auf eine Unternehmensgründung. Er sollte selbst dann erstellt werden, wenn kein fremdes Geld benötigt wird. Er ist ein schriftliches, relativ umfassendes Unternehmenskonzept, das den Unternehmensgegenstand, die Produkte und relevanten Märkte sowie die Ziele und Strategien des Unternehmens prägnant und anschaulich beschreibt. Im Mittelpunkt der Betrachtung steht die **zukünftige Unternehmensentwicklung**. Sowohl die Potenziale als auch die Risiken müssen fester Bestandteil des Businessplans sein. Das Konzept sollte einen zeitlichen Horizont von drei bis fünf Jahren abdecken. Ohne einen professionell erstellten Businessplan sind erfolgreiche Verhandlungen mit Kapitalgebern kaum möglich. Sowohl den Inhalten und sprachlichen Formulierungen als auch der ansprechenden Aufbereitung und Gestaltung kommen daher höchste Bedeutung zu. Wer zum ersten Mal einen Businessplan erstellt, sollte sich Hilfe dafür sichern. In jedem Bundesland gibt es zahlreiche Stellen, die hier Unterstützung anbieten.

Beispiel Berlin:

- Online kann der Plan unter www.gruendungswerkstatt-berlin-brandenburg.de erarbeitet werden, bei Fragen hilft ein Tutor der IHK Berlin.

- Auf den Seiten des Businessplan-Wettbewerbs Berlin-Brandenburg (BPW) www.b-p-w.de findet sich umfängliches Informationsmaterial, darunter das Handbuch zum Businessplan zum kostenfreien Download.

- In Seminaren und Workshops kann man Wissen zur Gründung und zum Verfassen des Businessplans erwerben. In der Weiterbildungsdatenbank Berlin-Brandenburg auf www.wdb-berlin.de finden sich passende Angebote.

- Wer persönliche Hilfe benötigt, kann zur Beratersuche den Bundesverband der deutschen Unternehmensberater (www.bdu.de), die Steuerberaterkammer (www.stbk-**berlin**.de) oder auch die Beraterbörse der KfW (https://beraterboerse.kfw.de) nutzen.

Die Finanzierung des Vorhabens

Ebenfalls mehr als ein Augenmerk sollte auf die Finanzierung des Unternehmensstarts gelegt werden. In sehr vielen Fällen scheitern Gründungen, weil der finanzielle Rahmen zu eng kalkuliert wurde und Liquidität fehlt. Zunächst einmal muss sich jede Finanzierung immer am **Bedarf des Gründers und seines Vorhabens** orientieren. Folgende Fragen müssen geklärt werden:

- Handelt es sich um eine Kleingründung oder Nebenerwerbsgründung?

- Handelt es sich um eine Gründung im Handel oder im handwerklichen, industriell-gewerblichen oder im freiberuflichen Bereich?

- Kommt der Gründer aus der Forschung und will ein Hightech- oder Lifescience-Unternehmen gründen?

- Handelt es sich um eine Unternehmensnachfolge, bei der der Kaufpreis oder die Auszahlung an den bisherigen Eigentümer oder an die Erben mitfinanziert werden müssen?

- Soll das Unternehmen schnell wachsen und einen hohen Marktanteil in seinem Segment anstreben?

- Oder handelt es sich um eine freiberufliche Praxis, die nur langsam und in Maßen wachsen wird?

Die Höhe des Finanzbedarfs sollte weder zu knapp bemessen sein, um Durststrecken verkraften zu können, noch unnötige Anschaffungen beinhalten.

> **TIPP** Für den Start reicht es oft aus, nicht die allerneuesten, sondern gebrauchte oder gemietete Maschinen oder Büroausstattungen zu verwenden.

Trotz aller Einschränkung wird in vielen Fällen das **Eigenkapital** nicht ausreichen, um das Vorhaben komplett zu stemmen. Dann muss **Fremdkapital** beschafft werden, wofür allerdings in aller Regel ebenfalls der Einsatz eigener Mittel vorausgesetzt wird. Neben **öffentlichen Kapitalgebern**, also Bund und Länder, die vielseitige Programme zu günstigen Konditionen anbieten, um den besonderen Anforderungen von Existenzgründern und Unternehmern Rechnung zu tragen, bieten auch **Banken und Sparkassen** eigene Kredite für Existenzgründer an. Ein wichtiger Partner für kapitalintensive und schnell wachsende Unternehmen sind mittelständische Beteiligungsgesellschaften und privatwirtschaftliche Kapitalgeber: Venture Capital-Gesellschaften oder Business Angels. Auch stille Teilhaber kommen als Kapitalgeber in Frage.

Typische **Finanzierungsfehler** sind:

- zu wenig Eigenkapital
- keine rechtzeitigen Verhandlungen mit der Hausbank
- Verwendung des Kontokorrentkredits zur Finanzierung von Investitionen
- hohe Schulden bei Lieferanten

- mangelhafte Planung des Kapitalbedarfs
- öffentliche Finanzierungshilfen nicht beantragt bzw. deren Tilgung nicht berücksichtigt
- finanzielle Überlastung durch scheinbar günstige Kredite

Wichtiger staatlicher Finanzierungspartner ist die KfW. Auf www.kfw.de sind alle aktuellen Förderprogramme speziell für Gründer erklärt. Ein Online-Produktfinder unterstützt die Suche. Wer weitere Hilfe benötigt, kann telefonieren, eine Mail verschicken oder auch einen Beratungstermin bei bis zu drei potenziellen Finanzierungspartnern in der Umgebung des neuen Unternehmens stellen.

 **Web-Link**
Nähere Informationen unter: www.kfw.de

Das **ERP-Kapital für Gründungen** fördert mit bis zu 500.000 Euro Kredit

- Investitionen
- Material- und Warenlager (in der Regel nur Erstausstattung)
- erste Messeteilnahme
- Kauf eines Unternehmens oder Unternehmensanteils

und ist derzeit für 0,85 Prozent Sollzins zu haben. 10 Prozent Eigenmittel sind erforderlich.

Der **ERP-Gründerkredit Startgeld** stellt bis zu 100.000 Euro Kredit bereit. Das Besondere: Da die KfW 80 Prozent des Kreditausfallrisikos von der Hausbank übernimmt, sind die Banken bei der Vergabe großzügig. Er ist ab 3,09 Prozent effektiver Jahreszins zu bekommen, Eigenmittel sind nicht erforderlich. Gefördert werden

- Investitionen
- Betriebsmittel (Mittel zur Gewährleistung des laufenden Betriebes)
- Kauf eines Unternehmens oder Unternehmensanteils

Wie beim ERP-Kapitel werden Existenzgründer (auch Freiberufler), Unternehmensnachfolger und junge Unternehmen bis zu drei Jahren ab Gründung gefördert.

Bis zu zehn Millionen Euro Kredit bietet der **ERP-Gründerkredit Universell** für die gleichen Zwecke wie **Startgeld**. Das Besondere: Er kann für Laufzeiten von bis zu 20 Jahre vereinbart werden und umfasst bis zu drei tilgungsfreie Anlaufjahre. Zudem ist er flexibel kombinierbar mit anderen Fördermitteln.

Das Bankgespräch

Um auf die unausbleiblichen Fragen des Bankberaters die richtigen Antworten zu haben, sollten lieber zu viele als zu wenige **Unterlagen** für das Gespräch vorbereitet werden. Wer sich vorher mit seinem Berater abstimmt, spart sich unnötige Arbeit. Vor allem wird der Businessplan eine Rolle spielen, bei Geschäftsübernahmen auch die Jahresabschlüsse der letzten drei Jahre, EKW-Abrechnung, Umsatz-, Kosten- und Ertragsplanung für das laufende und die kommenden ein bis drei Jahre, Liquiditätsplanung für die nächsten sechs bis zwölf Monate sowie die Investitions- und Kapitalbedarfsplanung. Ein zentrales Thema bei jeder Kreditverhandlung sind **Sicherheiten**. Wer selbst keine werthaltigen Sicherheiten stellen kann, hat die Möglichkeit einer Bürgschaft durch die Bürgschaftsbank des betreffenden Bundeslandes. Aber auch Sicherheiten in Form von Grundpfandrechten, Sicherungsübereignungen etwa von Fahrzeugen, Warenlägern u. ä. sowie Sicherungsabtretungen von Forderungen sind möglich.

> **TIPP** Was die Bank konkret bevorzugt, muss vorher abgeklärt werden.

Beim **Unternehmensrating** stellt die Bank fest, welche Risiken die Kreditvergabe für sie birgt und was diese kosten (würden). „Faustregel: Je besser also die Bonität eines Kunden ist und je mehr Sicherheiten vorhanden sind, desto geringer sind die Risikokosten für die Bank und ist damit in der Regel auch der Kreditzins", fasst der Bundesverband Deutscher Banken in seiner Broschüre „Rating" zusammen. Verantwortlich für den Ratingprozess ist nicht der Berater, sondern sind interne Stellen der Bank, die in ihrer Beurteilung strengen gesetzlichen Anforderungen genügen und die Größe des Unternehmens sowie die konkreten Bedingungen der Branche berücksichtigen müssen.

> **!**
>
> **ACHTUNG** Auch die Zuverlässigkeit und Seriosität des Antragstellers etwa bei der Bereitstellung der nötigen Informationen beeinflusst das Rating! Daher lohnt es sich hier sehr kooperativ und exakt zu sein.

>< Web-Link
Die Broschüre „Rating" kann unter www.bankenverband.de bei „Publikationen" heruntergeladen werden.

Fragen des Bankberaters, mit denen man rechnen muss

- Welches Unternehmensziel verfolgen Sie?
- Haben Sie ein Alleinstellungsmerkmal, füllen Sie eine Marktlücke?
- Wie gestalten sich die Zukunftstrends Ihres Absatzmarktes?
- Welche Absatzkanäle haben Sie, welches Marketing verfolgen Sie?
- Welches Forderungsmanagement betreiben Sie?
- In welcher Höhe wollen/müssen Sie investieren oder umstrukturieren?
- Wie hoch werden die laufenden Kosten sein?
- Welche Eigenmittel stehen zur Verfügung?
- An welche öffentlichen Kredite und an welche Bankkredite hatten Sie gedacht?
- Welche Sicherheiten stehen Ihnen frei zur Verfügung?
- Mit welchen Planergebnissen rechnen Sie und warum in dieser Höhe?

Versicherungen für Existenzgründer

Die richtige private und betriebliche Absicherung gehört zu den Pflichten jedes Unternehmensgründers. Grundsätzlich darf hier nicht an wichtigen Policen gespart werden, weil sich das katastrophal auf Unternehmen und Gründer auswirken kann. Privat sind – neben weiteren Privatpolicen wie der Privathaftpflichtversicherung – eine Krankenversicherung erforderlich. Falls man nicht in der gesetzlichen Kasse bleiben kann, eine Berufsunfähigkeits-Versicherung sowie wünschenswerterweise eine Krankentagegeldversicherung. Diese sind darauf ausgerichtet, die Arbeitskraft des Firmeninhabers zu erhalten, wiederherzustellen bzw. einzuspringen, wenn sie dauerhaft nicht wiederhergestellt werden kann. Auf weiteren Schnickschnack kann verzichtet werden. Die Absicherung des Betriebes hängt maßgeblich vom Unternehmen ab. Ein globaler Rat kann hier nicht gegeben werden. Man sollte aber unbedingt den Rat eines unabhängigen Vermittlers suchen, also eines Versicherungsmaklers oder eines Versicherungsberaters. Von Selfmade-Lösungen ist in den meisten Fällen ebenso abzuraten wie von Online-Abschlüssen oder einem Versicherungsvertreter, der nur die Produkte eines Unternehmens anbietet.

Lassen Sie sich beraten!

Beratung ist in allen Phasen der Gründung wünschenswert und erforderlich. Manches kann der Steuerberater abdecken, auch IHK und KfW stehen Gründern zur Seite. Manchmal aber ist auch eine professionelle Unternehmensberatung sinnvoll. Vorteil: Beratungsleistungen für Gründer werden auf vielfältige Art gefördert, so dass man sich vor finanziellen Hürden nicht fürchten muss. Folgende Formen gibt es:

- Förderung durch das **Amt für Wirtschaft und Ausfuhrkontrolle** (BAFA): Das Programm unterstützt die Förderung unternehmerischen Know-hows für kleine und mittlere Unternehme sowie Freier Berufe durch Unternehmensberatungen. Mit dieser Beratungsförderung können Unternehmen sowie Angehörige der Freien Berufe, die seit mindestens einem Jahr am Markt tätig sind, einen Zuschuss von bis zu 1.500 Euro zu den Kosten erhalten, die ihnen durch die Inanspruchnahme einer Beratung entstehen (www.bafa. de).

- Das **Gründercoaching Deutschland** der KfW Bankengruppe übernimmt bei der Finanzierung eines Unternehmensberaters für bestimmte Coachingbereiche innerhalb der ersten fünf Jahre der Selbständigkeit bis zu 50 Prozent der Kosten (www.kfw.de).

- Der neue **Coaching Bonus** führt seit Anfang 2013 die vorherigen Coachingmöglichkeiten über das Technologie Coaching Center (TCC) für technologieorientierte, innovative Gründungen und Technologieunternehmen sowie über das Kreativ Coaching Center (KCC) für Gründer-Unternehmen in der Kreativwirtschaft zusammen (www.coachingbonus.de)

Web-Link
Nähere Informationen unter: www.bafa.de, www.kfw.de und www.coachingbonus.de.

2.4 Der Start in die Selbstständigkeit

Wer ein Unternehmen gründet, muss vorher eine Reihe von Behörden darüber informieren. Für Gewerbebetriebe (siehe Abschnitt „Gewerbe, Handwerk oder Freier Beruf?") ist dies an erster Stelle das **Wirtschafts- oder Gewerbeamt** der Gemeinde, in dem sich das Unternehmen befindet. Eine Gewerbeanmeldung müssen auch nebenberuflich Selbstständige vornehmen. Keine Gewerbeanmeldung benötigen Freie Berufe (siehe Abschnitt „Gewerbe, Handwerk oder Freier Beruf?") sowie Betriebe der Land- und Forstwirtschaft. Durch die Gewerbeanmeldung werden folgende Stellen automatisch informiert:

- das Finanzamt
- die Berufsgenossenschaft
- das Statistische Landesamt
- die Handwerkskammer (bei Handwerkstätigkeiten)
- die Industrie- und Handelskammer
- das Handelsregistergericht (bei Rechtsformen, die im Handelsregister eingetragen werden)

Dennoch sollte man bei einigen dieser Stellen auch selbst nachfragen, ob alles seinen Gang geht. Vor allem mit dem Finanzamt ist nicht zu spaßen.

> **TIPP** Bei der Höhe der zu erwartenden Einkünfte, die angegeben werden müssen, sollte man eher vorsichtig sein, da damit die Einkommens- und Gewerbesteuer errechnet wird. Fällt sie zu hoch aus, kann das die angespannte Finanzlage noch verschärfen.

Bei der **Berufsgenossenschaft** müssen Mitarbeiter angemeldet werden, auch der Chef ist hier oft unfallversichert. Wenn nicht, kann man sich freiwillig versichern, was unbedingt angeraten ist. Wer Arbeitnehmer beschäftigt, benötigt eine Betriebsnummer vom Betriebsnummern-Service der **Bundesagentur für Arbeit** in Saarbrücken. Die Betriebsnummer ist in die Versicherungsnachweise Ihrer Arbeitnehmer einzutragen. Schließlich müssen die Mitarbeiter bei ihrer **Krankenkasse** angemeldet werden, damit die Beitragsabführung überwacht und abgeführte Beiträge dem einzelnen Versicherten zugeordnet werden können.

2.5 Existenzgründung aus der Arbeitslosigkeit heraus

Wer arbeitslos ist und ein Unternehmen gründen möchte, kann staatliche Hilfen in Anspruch nehmen.

 ACHTUNG Die Existenzgründung wegen Arbeitslosigkeit ist nur der zweitbeste Weg. Nur wenn alle anderen Voraussetzungen erfüllt sind und die Motivation stimmt, stellt sich auch der Erfolg ein.

Die Arbeitsagentur kann zur Sicherung des Lebensunterhalts und zur sozialen Sicherung in der Zeit nach der Existenzgründung einen Gründungszuschuss gewähren, ein Rechtsanspruch darauf besteht nicht. Wer Geld bekommen möchte, muss sich mindestens 15 Stunden pro Woche der Selbstständigkeit widmen. Außerdem müssen die notwendigen Kenntnisse und Fähigkeiten zur Ausübung der selbständigen Tätigkeit dargelegt werden. Die Tragfähigkeit der Existenzgründung ist der Agentur für Arbeit in Form von Stellungnahmen einer IHK, Handwerkskammer, berufsständischen Kammer, eines Fachverbandes oder eines Kreditinstituts nachzuweisen. Der **Gründungszuschuss** wird in zwei Phasen geleistet. Für sechs Monate gibt es Geld in Höhe des zuletzt bezogenen Arbeitslosengeldes zur Sicherung des Lebensunterhalts und 300 Euro zur sozialen Absicherung. Für weitere neun Monate können 300 Euro monatlich gezahlt werden, wenn eine intensive Geschäftstätigkeit und hauptberufliche unternehmerische Aktivitäten dargelegt werden.

> **TIPP** Auch vom Gründercoaching Deutschland können Arbeitslose profitieren: Eine Fördervariante sieht vor, dass ehemals Arbeitslose innerhalb von einem Jahr nach Existenzgründung die Förderungen in Anspruch nehmen können, wenn sie einen Unternehmensberater konsultieren wollen. Die Zuschusshöhe zu den Beratungskosten beträgt 90 Prozent.

2.6 Checklisten und Entscheidungshilfen

Schritt 1: Die Entscheidung

Sind Sie ein Unternehmertyp?

Eine Reihe von einfachen Testfragen hilft Ihnen, in dieser Frage mehr Sicherheit zu gewinnen:

- Ist die Selbständigkeit wirklich der richtige Weg für Sie?
- Sind Sie fachlich qualifiziert?
- Haben Sie Erfahrungen in der Branche?
- Verfügen Sie über kaufmännisches Know-how?
- Steht Ihre Familie hinter Ihnen?
- Stehen Sie die Belastungen während der Startphase – und auch später – durch?

Lassen Sie sich beraten und gleichen Sie Schwächen aus.

- Besuchen Sie ein Gründungsseminar Ihrer Kammer oder Ihres Verbandes. Lassen Sie sich anschließend von einem Berater der Kammer oder des Verbandes, von einem freien Unternehmensberater oder anderen kompetenten Fachleuten helfen.

Klären Sie:

- Zu welchen Fragen brauchen Sie Beratung?
- Wer kann Ihnen je nach Fragestellung weiterhelfen?
- Was sollten Sie beim Abschluss von Beraterverträgen beachten?
- Informieren Sie sich über die Beratungsförderung des Bundes.

Schritt 2: Die Planung

Arbeiten Sie Ihre Geschäftsidee aus.

- Überlegen Sie, mit welchem Angebot Sie auf den Markt gehen möchten. Lernen Sie Ihre zukünftigen Kunden, ihre Bedürfnisse, ihre Neigungen, ihr Kaufverhalten kennen. Finden Sie möglichst etwas Besonderes, was die Konkurrenz bisher übersehen hat.

- Verschaffen Sie sich dafür auch einen Überblick über die Konkurrenzsituation, vor allem auch an dem Standort, den Sie wählen.

- Wollen Sie sich selbständig machen, haben aber noch keine zündende Geschäftsidee? Dann kommt für Sie vielleicht ein Franchiseunternehmen in Frage, das Sie als Lizenzunternehmer führen können.

- Oder Sie übernehmen ein bestehendes Unternehmen. Unternehmensnachfolger sind in jeder Branche und für jede Unternehmensgröße gefragt.

Schreiben Sie Ihren Businessplan.

- Erklären Sie Ihre Geschäftsidee bzw. Ihr Vorhaben.
- Stellen Sie die Gründerperson/-en dar.
- Beschreiben Sie Ihr Produkt bzw. Ihre Dienstleistung.
- Beschreiben Sie Ihre Kunden.
- Beschreiben Sie Ihre Konkurrenten.
- Beschreiben Sie Ihren Standort.
- Welche Lieferanten wollen Sie nutzen?
- Erläutern Sie Ihre Personalplanung.
- Zu welchem Preis wollen Sie Ihr Produkt bzw. Ihre Dienstleistung verkaufen?
- Welche Vertriebspartner werden Sie nutzen?
- Welche Kommunikations- und Werbemaßnahmen wollen Sie ergreifen?
- Welche Rechtsform haben Sie gewählt?
- Welche Chancen und Risiken hat Ihr Vorhaben?
- Wie hoch ist der Kapitalbedarf? Wie können Sie diesen Kapitalbedarf decken?

Denken Sie an Ihre persönliche Absicherung und die Ihrer Familie.

- Für beruflich Selbständige gibt es verschiedene Möglichkeiten, für Alter, Krankheit und Todesfall vorzusorgen.

- Wichtig ist, die Entscheidung für geeignete Versicherungen und Maßnahmen nicht auf die lange Bank zu schieben, sondern sich schon während des Gründungsprozesses beraten zu lassen.

Schritt 3: Der Finanzplan

Kalkulieren Sie das benötigte Startkapital.

- Wie groß ist Ihr Kapitalbedarf für die Gründung und die Startphase?
- Machen Sie eine Aufstellung aller kurz- und längerfristig relevanten Kostenpositionen.

Kalkulieren Sie Ihren Verdienst.

- Überlegen Sie, ob sich die Gründung einer selbständigen Existenz für Sie auszahlt.
- Lohnt sich der Aufwand?

Ermitteln Sie alle möglichen Finanzquellen.

- Wie viel Geld steht Ihnen selbst zur Verfügung? Wer könnte Ihnen privat Geld leihen?
- Wer würde sich an Ihrem Unternehmen beteiligen?
- Prüfen Sie die Angebote der Kreditinstitute und die vielfältigen Förderprogramme des Bundes, der Bundesländer und auch der Europäischen Union.

Schritt 4: Das Unternehmen

Erledigen Sie alle notwendigen Formalitäten.

- Bedenken Sie die Anforderungen von Behörden, Kammern, Berufsverbänden etc.
- Erkundigen Sie sich, für welche Vorhaben besondere Voraussetzungen und Nachweise, behördliche Zulassungen oder Genehmigungen erforderlich sind.

Sorgen Sie für das Finanzamt vor.

- Stellen Sie sich von Anfang an auf Ihre Pflichten gegenüber dem Finanzamt ein.

Denken Sie an die Risikovorsorge im Unternehmen.

- Kümmern Sie sich um ausreichende und geeignete Versicherungen für Ihr Unternehmen.
- Verschließen Sie nicht die Augen vor möglichen Risiken und Gefahren, sondern sorgen Sie mit den richtigen Maßnahmen vor.

Lassen Sie sich auch nach der Eröffnung weiter beraten.

- Nach dem Unternehmensstart kommen neue Aufgaben auf Sie zu. Lassen Sie sich vor allem zu finanziellen Belangen weiterberaten.
- Engagieren Sie im Zweifelsfall einen Unternehmensberater und nutzen Sie dafür entsprechende Fördermaßnahmen.

Quelle: „Roter Faden" für die Gründungsplanung des BMWi

> **TIPP** Informationen unter Existenzgründerportal des BMWi:
> www.existenzgruender.de

Über die Autoren

Manfred Faber

studierte an der Universität Saarbrücken Betriebswirtschaftslehre mit dem Schwerpunkt Personalwesen und Organisation. Seit Anfang der 1990er Jahren ist er als Personalleiter für strategische und operative HR-Themen in nationalen und internationalen Unternehmen unterschiedlicher Branchen tätig; seit 1998 ist er als HR-Interim Manager selbstständig und vermittelt als Geschäftsführer des Unternehmens HR-Consultants GmbH (www. hr-consultants.de) Spezialisten aus dem Personalbereich für Projekte und zur Überbrückung von Vakanzen (Interim Management). Außerdem ist er Gesellschafter der Till & Faber oHG, ein Spezialist für Interim Management für Finance Positionen (www.Tillund-Faber.de). Manfred Faber ist Beitragsautor im Buch „Die Arbeitswelt im 21. Jahrhundert" (Springer Gabler) sowie Mitautor von „Erfolgreicher Lösungsvertrieb" (Springer Gabler) und „Angstfrei ins Assessment Center".

Dr. Hergen Riedel

ist seit 2001 freiberuflicher Autor für Bücher, Zeitungen und Zeitschriften sowie als PR-Berater und Presse-Sprecher tätig. Zuvor war er u. a. Leiter des Medien-Ressorts der Fachzeitschrift Text Intern , Redakteur der Wirtschaftszeitung New Business und Texter in zwei Werbeagenturen. Er beendete sein Studium der Publizistik, Germanistik, Politik und Soziologie an der Westfälischen Wilhelms Universität zu Münster mit einer anwendungsorientierten Dissertation zum Thema „Wie wirken Medien?". Kontakt: drhhriedel@ aol.com, www.pressekontor-riedel.de

Silke Siems

(Dipl.-Volkswirtin soz.-wiss. Richtung) studierte nach dem Besuch der Kölner Schule – Institut für Publizistik e. V. ebenfalls in Köln Volkswirtschaft und Politik. Danach vier Jahre Redakteurin der Zeitschrift Planen, Bauen & Wohnen. Seit 1996 arbeitet sie als freie Journalistin unter anderem für die WirtschaftsWoche und verschiedene Bankenfachzeitschriften wie Bankmagazin, Kredit & Rating Praxis und Banken+Partner. Mail-Kontakt: silke.siems@arcor.de

Elke Pohl

startete ihre berufliche Karriere nach dem Journalistikstudium bei der Berliner Tageszeitung Junge Welt, wechselte dann als Redakteurin in die Lokalredaktion Bernau der heutigen Märkischen Oderzeitung und nach einigen Jahren in den damaligen Berliner Verlag Die Wirtschaft (heute Huss-Verlag). 1990 entstand das erste Ratgeberbuch Rückkehr in den Beruf. Nach einigen Jahren Presse- und Marketingtätigkeit – u. a. bei der Allianz Versicherung in Berlin – wechselte sie 1999 in die berufliche Selbstständigkeit mit den Schwerpunkt-Themen Beruf und Karriere sowie Verbraucherrecht. Seitdem verfasste sie etwa 25 Ratgeberbücher für verschiedene renommierte Verlage, arbeitete unter anderem regelmäßig an mehreren Hochschulmagazinen und am Internetportal www.studienwahl. de mit. Homepage: www.elke-pohl-medienservice.de

The manufacturer's authorised representative in the EU is Springer
Nature Customer Service Centre GmbH, Europaplatz 3, 69115 Heidelberg,
Germany. If you have any concerns regarding our products, please
contact ProductSafety@springernature.com

Printed and bound by CPI Group (UK) Ltd, Croydon, CR0 4YY
20/04/2026
02093308-0003